TEMAS DE ESPAÑOL

VOCABULARIO EN CONTEXTO CON ACTIVIDADES
EN OTRAS PALABRAS

Natalia Fernández López-Rey
María Ruiz de Gauna Moreno

Agradecemos a Ruth Vázquez su disponibilidad, buen ánimo
e inestimable ayuda en la elaboración de este libro

Colección dirigida por: María José Gelabert Navarro

© Editorial Edinumen
© Natalia Fernández López-Rey y María Ruiz de Gauna Moreno
© María José Gelabert Navarro

Editorial Edinumen
José Celestino Mutis, 4
28028 - Madrid (España)
Tlf.: 91 308 51 42
Fax: 91 319 93 09
e-mail: edinumen@edinumen.es
Web: http://www.edinumen.es
ISBN-13: 978-84-89756-41-0
ISBN-10: 84-89756-41-4
Depósito Legal: M–15491-2007
Diseño de cubierta: Antonio Arias Manjarín
Diseño y maquetación: Susana Fernández y Juanjo López
Imprime: Gráficas Glodami. Coslada (Madrid)

ÍNDICE

1. IDENTIFICACIÓN PERSONAL

A. DATOS PERSONALES: DOCUMENTACIÓN LEGAL

DATOS PERSONALES

NOMBRE:
Nombre (compuesto)
Primer apellido
Segundo apellido

LUGAR DE NACIMIENTO:
Localidad o Población
País
Origen
Nacionalidad

FECHA DE NACIMIENTO:
Día/Mes/Año
Edad
Hijo de...

SEXO:
Varón
Mujer

ESTADO CIVIL:
Soltero
Casado
Separado
Divorciado
Viudo

DIRECCIÓN:
Domicilio
Calle, Paseo, Avenida, Plaza, Travesía
Número
Bloque, Escalera
Edificio
Piso, Planta
Puerta, Letra, Derecha, Izquierda
Código Postal
Pueblo / Ciudad
Provincia
País
Número de teléfono
Prefijo (internacional)

ORGANISMOS PÚBLICOS

- El Registro Civil
- La Junta Municipal de Distrito
- El Ayuntamiento
- La Dirección General de Policía
- La Dirección Provincial de Trabajo y Asuntos Sociales
- El Ministerio de Asuntos Exteriores
- El Consulado
- La Embajada
- La Oficina de Hacienda
- La Comisaría
- La Oficina de objetos perdidos

DOCUMENTACIÓN LEGAL

- El DNI (Documento Nacional de Identidad)
- El Pasaporte
- El Libro de Familia
- La Tarjeta de la Seguridad Social
- El NIF (Número de Identificación Fiscal)
- El Visado
- El Permiso de Trabajo y Residencia
- La Tarjeta de Residencia
- La Traducción Jurada
- La fotocopia compulsada

- El sello
- El original
- La copia
- El impreso
- La solicitud
- El resguardo
- El justificante
- El precontrato
- El contrato
- El informe
- El empadronamiento

1. o Relaciona cada abreviatura con la palabra adecuada:

1. Prov. •	• A. Documento Nacional de Identidad
2. Prof. •	• B. Izquierda
3. E. Civil •	• C. Puerta
4. Gr. Sanguíneo •	• D. Paseo
5. Domic. •	• E. Estado Civil
6. C./ •	• F. Provincia
7. Avda. •	• G. Grupo Sanguíneo
8. P.º •	• H. Profesión
9. Pza. o Pl. •	• I. Número de Identificación Fiscal
10. Pta. •	• J. Avenida
11. C.P. •	• K. Doña
12. Dcha. •	• L. Domicilio
13. Izda. •	• LL. Código Postal
14. NIF •	• M. Don
15. D. •	• N. Calle
16. Dña. •	• Ñ. Plaza
17. DNI •	• O. Derecha

2. **Subraya en la siguiente lista de adjetivos de nacionalidad todos los que sean invariables en género.**

Peruano, brasileña, japonés, inglesa, italiano, china, portugués, belga, finlandés, rusa, francés, senegalesa, austríaco, keniano, holandés, sueca, danés, marroquí, sudafricana, mexicano, estadounidense, alemana, noruego, canadiense, panameña, húngaro, polaca, griego, chipriota, checo, tailandesa, argelino, israelí, español, egipcia, pakistaní, búlgara.

3. **Imagina que has perdido el pasaporte por la calle. Ordena las siguientes acciones para conseguir uno nuevo y coméntalo con otro compañero.**

☐ Rellenar un impreso con tus datos personales.

☐ Obtener el salvoconducto o resguardo del pasaporte solicitado.

☐ Recoger al cabo de unos días o meses el nuevo pasaporte.

[1] Denunciar la pérdida en la comisaría más cercana.

☐ Solicitar en el Consulado o Embajada de tu país un pasaporte nuevo.

☐ Presentar otros documentos o tarjetas que te acrediten.

☐ Firmar el impreso.

4. **Completa el siguiente DNI con las palabras del recuadro.**

- Nombre
- Primer apellido
- Segundo apellido
- Nació en... el
- Sexo
- Provincia
- Hijo de
- Dirección
- Localidad
- Provincia

B. EL CUERPO HUMANO

LA CABEZA	EL TRONCO	LAS EXTREMIDADES
• El pelo	• El cuello	• Los brazos
• La frente	• Los hombros	• Las axilas
• Las cejas	• El pecho	• Los codos
• Las pestañas	• La cintura	• Las muñecas
• Los párpados	• Las caderas	• Las manos
• Los ojos	• La tripa	• Los dedos
• La nariz	• El ombligo	• Las uñas
• La boca	• La espalda	• Los muslos
• Los labios	• El vello	• Las rodillas
• La lengua	• La nuez	• Las pantorrillas
• Los dientes	• El culo	• Los pies
• Las muelas	• Las nalgas	• Los tobillos
• Los colmillos		• Los talones
• Las mejillas		• El vello
• La barbilla		• Los empeines
• Las orejas		• Las plantas
• La cara		• Las palmas
• Los pómulos		
• Las sienes		
• La nuca		

1o **Escribe las partes del cuerpo que debes mover para...**

- agacharte: ....
- arrodillarte: ....
- bostezar: ....
- ponerte de pie: ....
- tiritar: ....
- roncar: ....
- sentarte: ....

2. **Los cinco sentidos.**
Relaciona las diferentes columnas y escribe una frase.

Ver	•	• Las manos
Oler	•	• Los ojos
Tocar	•	• Los oídos
Saber	•	• La nariz
Oír	•	• La boca

1. Sentido de la vista: *Veo con los*...
2. Sentido del olfato: ....
3. Sentido del tacto: ....
4. Sentido del gusto:...
5. Sentido del oído: ....

3. Adivina a qué parte del cuerpo se refieren estas definiciones.

Ej. **Cuando comemos mucho nos duele la:** ....*TRIPA*...........

a. Lo contrario de *barata*:...

b. Son cinco, y en ellos ponemos anillos y sortijas:.....................

c. Idioma:...

d. Juego de cartas español + artículo (masculino plural):..............

e. Medio bocadillo: ....

f. Tiene nombre de fruto seco pero no se puede comer:..............

g. Las tres primeras de *España* + *a+el* + lo contrario de *recibe*: ....

4. Dibuja una parte del cuerpo en un papel. Escóndelo. Tus compañeros mediante preguntas deben adivinar de qué parte se trata.

Ej.:• *¿Está entre los labios?*
   – *Sí*
   • *¿Está dentro de la boca?*
   – *Sí*
   • *¿Es la lengua?*
   – *Sí*

C. DESCRIPCIÓN FÍSICA Y DE CARÁCTER, Y ESTADO FÍSICO Y DE ÁNIMO

1. **Relaciona cada palabra con la columna correspondiente.**

• Los ojos	• La frente
• El pelo	• Las orejas
• La nariz	• Las cejas
• La cara	• Las pestañas
• La boca	• Las extremidades

				LOS OJOS
Largas	• Redonda	• Largo	• Grandes	Azules
Cortas	• Ovalada	• Corto	• Pequeños/as	Verdes
Postizas	• Alargada	• Calvo	• Anchos/as	Marrones
	• Pálida	• Rizado	• Planos	Negros
	• Sonrosada	• Liso	• Con callos	Grises
	• Simpática	• Natural	• Largos/as	Almendrados
	• Antipática	• Teñido	• Cortos/as	Achinados
	• Larga	• Melena		Claros
	• De pocos	• Trenza		Alegres
	amigos	• Flequillo		Tristes
	• De sueño	• Patillas		
	• De asco	• Coleta		
	• De disgusto	• Moño		
		• De punta		

• Abombada	• Grandes	• Larga	• Grande	• Pobladas
• Ancha	• Pequeñas	• Puntiaguda	• Pequeña	• Depiladas
• Corta	• De soplillo	• Aguileña	• De labios	• Cejijunto/a
		• Griega	carnosos	
		• Ancha	• De labios	
		• Chata	gruesos	
		• Respingona	• De labios	
		• Pequeña	finos	
		• Grande		

2. Completa con las vocales que faltan los estados de ánimo y también los adjetivos de carácter.

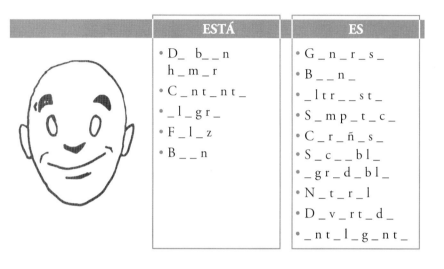

ESTÁ	ES
• D_ b_ _ n	• G _ n _ r _ s _
h _ m _ r	• B _ _ n _
• C _ n t _ n t _	• _ l t r _ _ s t _
• _ l _ g r _	• S _ m p _ t _ c _
• F _ l _ z	• C _ r _ ñ _ s _
• B _ _ n	• S _ c _ _ b l _
	• _ g r _ d _ b l _
	• N _ t _ r _ l
	• D _ v _ r t _ d _
	• _ n t _ l _ g _ n t _

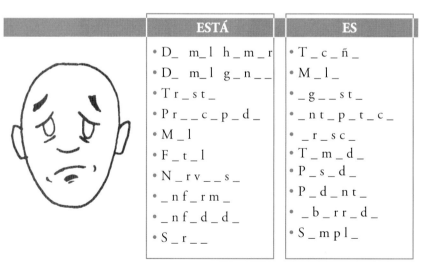

ESTÁ	ES
• D_ m_ l h _ m _ r	• T _ c _ ñ _
• D_ m_ l g _ n _ _	• M _ l _
• T r _ s t _	• _ g _ _ s t _
• P r _ _ c _ p _ d _	• _ n t _ p _ t _ c _
• M _ l	• _ r _ s c _
• F _ t _ l	• T _ m _ d _
• N _ r v _ _ s _	• P _ s _ d _
• _ n f _ r m _	• P _ d _ n t _
• _ n f _ d _ d _	• _ b _ r r _ d _
• S _ r _ _	• S _ m p l _

3. Piensa en varios personajes famosos de tu país (una actriz de cine, un cantante de moda, un político destacado y un deportista célebre), anota su nombre y describe su aspecto físico, su carácter y cómo crees que están últimamente.

UNA ACTRIZ DE CINE
_____

Es: _____
Tiene: _____
Está: _____

UN CANTANTE DE MODA
_____

Es: _____
Tiene: _____
Está: _____

UN DEPORTISTA CÉLEBRE
_____

Es: _____
Tiene: _____
Está: _____

UN POLÍTICO DESTACADO
_____

Es: _____
Tiene: _____
Está: _____

Lee esta carta y escribe el calificativo, entre paréntesis, siguiendo el ejemplo.

Madrid, 22 de abril de 2001

Querida Lola:

¿Qué tal estás? Espero que estés muy bien. Yo tengo algunos problemillas con Manolo. Ya sabes cómo es. Lo que pasa es que esta vez estoy hasta las narices de él. Te cuento: Yo siempre le doy todo lo que me pide (soy generosa), pero siempre discutimos por dinero cuando hacemos la compra porque dice que yo gasto demasiado (es un ....). Además, yo siempre le doy los buenos días con una sonrisa, le lleno de besos, le abrazo (soy ....), mientras que él ni me besa ni me acaricia jamás (es un ....). Fíjate, el otro día en una fiesta yo estuve todo el tiempo contando chistes, charlando y riéndome con todo el mundo (soy ....), y él sin embargo no abrió la boca en toda la noche (es un ....).

Y luego está el día a día. Por ejemplo, ya sabes que a mí me encantan las exposiciones, leer, ir al cine, escuchar cosas diferentes... (soy ....). En cambio, a él no hay quien le mueva de su sofá, su latita de cerveza y su fútbol (es un ....).

Bueno, Lola, te dejo y espero que estés mucho mejor que yo ahora mismo.

Un besito,

Rosa

2. LA CASA

A. TIPOS DE HABITACIONES, MUEBLES, INSTALACIONES Y ELECTRODOMÉSTICOS

EL DORMITORIO

- El armario (empotrado)
- La cama
- La cómoda
- La estantería
- El galán de noche
- La lámpara
- La mesilla
- El tocador

EL SALÓN

- La butaca
- La lámpara de pie
- La librería
- La mesa auxiliar
- La mesa de centro
- La mesa de la televisión
- El puf
- El sillón
- El sofá
- El reposapiés
- La televisión
- El vídeo

EL COMEDOR

- El aparador
- La mesa
- La mesa abatible
- La lámpara de techo
- La silla
- El taburete
- La vitrina

LA COCINA

- El armario
- El cajón
- El calentador
- El congelador
- La cocina vitrocerámica / eléctrica o de gas
- La encimera
- El extractor o la campana
- El fregadero o la pila
- El horno
- El microondas
- La nevera o el frigorífico
- El lavavajillas o el lavaplatos
- La despensa
- La lavadora
- La secadora
- El tendedero

LA DESPENSA

- La estantería

EL ASEO

- El espejo
- El lavabo
- La taza o el váter

EL BAÑO

- La bañera o el baño
- El lavabo
- El bidé
- El váter o taza
- La cisterna

- La cadena
- La ducha
- La repisa
- El espejo
- El toallero

- El aplique
- El armario del lavabo
- La cajonera

EL "OFFICE"

- La mesa

- La silla

- La lámpara de techo

EL RECIBIDOR

- El perchero
- El zapatero

- El baúl
- El taquillón

EL ROPERO

- El espejo

- El armario

- La estantería

EL ESTUDIO

- La estantería
- La balda
- El escritorio
- La lámpara de mesa

- El ordenador (portátil)
- El teclado
- La impresora
- El archivo

- La silla giratoria
- La mesa de ordenador

EL SÓTANO

- La caldera

- El armario trastero

- El botellero

EL GARAJE

- La puerta automática

- La plaza de garaje

- La rampa

GENERAL

- La pared
- El muro de carga
- El techo

- El suelo
- El rincón
- La esquina

- La puerta (corredera)
- La columna
- La escalera

1. Relaciona los distintos muebles con la acción correspondiente.

La bañera •	• Iluminar
La ducha •	• Decorar
El espejo •	• Dormir
El armario •	• Bañarse
La cama •	• Ducharse
La lámpara •	• Mirarse
La estantería •	• Fregar
La cocina •	• Calentar
El frigorífico •	• Decorar
La televisión •	• Ver
El lavaplatos •	• Cocinar
El microondas •	• Congelar

2. Completa las siguientes frases con el adjetivo correspondiente del recuadro.

• plegable	• de luna	• de mano
• de caracol	• camilla	• de tijera

1. Siempre llevo dentro de mi bolso un espejo .... para arreglarme después de la playa.

2. En mi habitación he puesto el armario .... de mi abuela que tiene un espejo precioso.

3. En la mesa .... he puesto una tela de flores y encima un florero con una rosa.

4. Como esa habitación es muy pequeña hemos puesto una cama .... apoyada en la pared.

5. He comprado una silla .... para que no ocupe demasiado espacio en la cocina.

6. En el dúplex que acabamos de comprar hemos instalado una escalera ....

"En mi casa hay..."

Empieza un alumno diciendo un mueble de casa o habitación. Ej.: *"En mi casa hay un armario"*. El alumno de su derecha repite la palabra anterior y añade una nueva, por ejemplo: *"En mi casa hay un armario y una cama"*. Después el alumno de su derecha, a su vez, repetirá las dos palabras anteriores y añadirá una nueva, y así sucesivamente. Gana el que consiga recordar todas las palabras.

B. ROPA DE CASA. ADORNOS Y ÚTILES DEL HOGAR. REPARACIONES

EL DORMITORIO

- El colchón
- La sábana encimera /bajera (ajustable)
- La funda de almohada
- La manta
- La colcha
- El edredón
- La cortina
- El estor
- La pared pintada/entelada
- La percha

EL SALÓN

- El marco de fotos
- La figura
- El cuadro
- La escultura
- La planta
- El equipo de música
- La alfombra
- La moqueta
- El florero
- La vela
- El revistero

EL COMEDOR

- El mantel
- La servilleta
- La cubertería (el tenedor, el cuchillo, la cuchara, la cucharilla, el cucharón)
- La vajilla (el plato hondo/grande/pequeño, la fuente de servir, la taza, la sopera, el cuenco, la ensaladera)
- La cristalería (el vaso, la copa de vino/champán, la jarra)
- Las vinagreras
- El salero

LA DESPENSA

- Las cajas
- Los botes
- Los tarros

LA COCINA

- La batería (la cacerola (con tapa), la olla (a presión), el peso, la sartén)
- La parrilla
- El hervidor
- La tabla de cortar
- El molinillo de especias

- Los utensilios (la espátula, los cuchillos de cocina, el cucharón, la espumadera, el colador, el rallador, el batidor, las tijeras, el pelador de patatas, el abrelatas, el abrebotellas)

- El salvamanteles
- Los botes
- La manopla
- El paño
- El felpudo
- El portarrollos

EL BAÑO

- El toallero
- La toalla (de manos)
- La jabonera y cepillos
- El sanitario
- El grifo (con filtro)

- La cortina de ducha
- La alfombrilla
- El pomo
- Las anillas para cortina
- El espejo con repisa

- El estante
- El dispensador para jabón líquido
- El armario con espejo
- La báscula

EL PASILLO

- Los plomos
- El telefonillo
- El aplique

EL RECIBIDOR

- El paragüero

EL CUARTO DE LA PLANCHA

- La tabla de la plancha
- El cesto de la ropa sucia

- El costurero (aguja, hilo, dedal, alfiler, imperdible, botón)

- La plancha

EL TRASTERO

- La estantería
- La caja de herramientas (el destornillador,

el martillo, la llave inglesa, el tornillo, el clavo, la escarpia...)

- Los adornos de Navidad
- El Belén

EL GARAJE

- El mando a distancia
- La manguera
- La caja de herramientas

- Las herramientas del jardín
- La leña

- La bicicleta
- El coche

EL ESTUDIO

- El portalápices
- El revistero
- El archivador
- La caja para disquetes
- El bolígrafo
- El lápiz
- El cuaderno
- La pluma
- La regla

- La escuadra
- El cartabón
- La goma
- El papel
- El papel de color
- El folio
- El cuaderno
- El clasificador
- La carpeta

- La funda
- La cartulina
- La grapadora
- El ratón del ordenador
- La papelera
- El revistero

1. Elige algunos adornos y útiles del hogar y comenta con tu compañero su uso.

2. ¿Qué útiles del hogar hay en tu casa que aquí no aparecen? Coméntalo con tus compañeros.

C. TIPO DE VIVIENDA. DIMENSIONES, SITUACIÓN Y ALQUILER

TIPO DE VIVIENDA

- El piso
- El apartamento
- El estudio
- El ático
- El dúplex
- La buhardilla

- La casa
- La casa rural
- La finca rústica
- La cabaña
- El chalet adosado
- La mansión

- El palacete
- El palacio
- El castillo
- El hotel
- La caravana

TIPO DE ALOJAMIENTO

• Hotel	• Pensión	• Albergue
• Hostal	• Residencia	

DIMENSIONES

• Pequeña	• N.º metros cuadrados
• Grande	• N.º hectáreas

ALQUILER (documentación)

• La nómina	• La firma	• La señal
• El contrato	• El arrendador	• La fianza
• La cláusula	• El arrendatario	

SITUACIÓN

• En el centro / céntrico	• En las afueras	• En el campo/sierra
• Cerca del centro	• En la periferia	• En la costa/playa
• Lejos del centro	• Fuera de la ciudad	

 Lee los siguientes anuncios de alquileres de piso. ¿Cuál de ellos está situado...

- • en el centro
- • cerca del centro
- • en las afueras

- • fuera de la ciudad
- • en zona residencial

- • en la costa
- • en la sierra

?

NAVE INDUSTRIAL, 500 m², carretera de Andalucía, km 16. ∅ 212 897 45 32

APARTAHOTEL, céntrico. Climatizado. Turístico. Zona Chamartín. ∅ 312 879 89 52

MARBELLA, alquiler de apartamentos nuevos. Semanas, meses. Información y reservas: ∅ 242 659 72 10

ATOCHA, junto a estación. Estudio bien comunicado con centro ciudad. Barato. ∅ 241 356 59 67

LA ALAMEDA, urbanización "Los Álamos". Chalet de lujo ∅ 65 489 38 29

CASA RURAL, se alquila en Cañete (Segovia) ∅ 384 984 32 57

 Dónde está situado tu piso / apartamento. Explícaselo a tu compañero.

3. TRABAJO, ESTUDIOS Y OCUPACIÓN

A. TIPOS DE ENSEÑANZA

NIVELES

- El Jardín de Infancia
- El Preescolar
- La Enseñanza Primaria
- La Enseñanza Secundaria Obligatoria (ESO)
- El Bachillerato
- La Formación Profesional
- La Universidad
- El Doctorado
- El Máster de Especialización

TÍTULOS

- El Graduado Escolar
- El Bachillerato
- La Diplomatura
- La Licenciatura
- El Doctorado

LUGARES

- La Guardería
- El Colegio Público
- El Colegio Privado
- La Escuela
- El Instituto
- El Taller
- La Facultad
- La Academia

ASIGNATURAS

- Ética
- Religión
- Educación Física
- Pretecnología
- Matemáticas
- Física
- Química
- Ciencias Naturales
- Geografía
- Historia
- Lengua
- Literatura
- Latín
- Griego
- Dibujo
- Lengua Extranjera

TIPOS

- La enseñanza reglada
- La enseñanza no reglada
- El colegio no concertado o privado
- El colegio concertado o subvencionado
- El colegio público

MOBILIARIO DE CLASE

- La pizarra
- La tiza
- El borrador
- El rotulador
- El mapa
- La pantalla
- El retroproyector
- La transparencia
- El corcho
- La cartulina
- La chincheta
- El cartel
- El colgador
- El armario
- La enciclopedia
- El diccionario
- El atlas
- El libro de texto
- La taquilla
- La papelera
- La tarima
- La mesa del profesor
- El pupitre
- El estuche
- El bolígrafo
- La pluma
- El lápiz
- La pintura
- La goma
- El sacapuntas
- La regla
- El compás
- La escuadra
- El cartabón
- Las tijeras.
- El papel (de color)
- El folio
- El cuaderno
- El clasificador
- La carpeta
- El portafolios
- La mochila
- La cartera

EL EDUCADOR

- El maestro
- El profesor
- El doctor
- El catedrático
- El jefe de estudios
- El director
- El tutor
- El decano
- El vicerrector
- El rector

1. Relaciona cada acrónimo con la carrera universitaria adecuada.

CCNN •   • Ciencias Físicas
CCFF •   • Ciencias Químicas
CCQQ •   • Ciencias Biológicas
CCSS •   • Ciencias Naturales
CCBB •   • Ciencias Sociales
CCEE •   • Ciencias Económicas

2. Forma expresiones con los componentes de las tres columnas.

- Presentar
- Hacer
- Repasar
- Subrayar
- Tomar
- Meter
- Llevar
- Escribir
- Abrir
- Aprobar
- Suspender
- Evaluar
- Borrar

un
una
el
la
ø

- lección
- tema
- trabajo
- lección
- horas
- chuleta
- apuntes
- examen
- resumen
- llave
- pelota
- pizarra

Ej.: *Presentar un trabajo.*

1. ....
2. ....
3. ....
4. ....
5. ....
6. ....

7. ....
8. ....
9. ....
10. ....
10. ....
11. ....
12. ....
13. ....

3. **Busca los intrusos en cada una de las columnas. ¿Qué características debe tener un buen estudiante?**

observador	ególatra	distraído	egoísta
listo	ordenado	instruido	puntual
curioso	seguro	tonto	educado
interesado	vago	aplicado	limpio
riguroso	organizado	empollón	metódico
chivato	lúcido	erudito	preguntón
despierto	ambicioso	ignorante	trabajador
preciso	honesto	espabilado	estudioso

4. **Completa las siguientes frases con la palabra adecuada del recuadro.**

• decano	• rector	• notable
• periodista	• matrícula de honor	• abogado
• aprobado	• sobresaliente	• suspenso

a. La Universidad está regida por el ....

b. Una Facultad está dirigida por un ....

c. Una persona que ha estudiado la carrera de Derecho, después de colegiarse se convierte en un ....

d. Un .... es alguien que ha estudiado Periodismo.

e. Con un .... puedes pasar de curso, en cambio con un .... no puedes.

f. Sacando un siete en un examen obtienes un .... en las calificaciones y si sacas una nota más alta, un ....

g. Era tan brillante y buen alumno que recibió una .... en cada asignatura.

5. **¿Quién hace qué?**
Márcalo con una cruz.

	Alumno	Profesor	Ambos
HACER UN ESQUEMA			
ENSEÑAR			
MATRICULARSE EN UN CENTRO			
ASISTIR A CLASE			
DAR UNA CONFERENCIA			
PARTICIPAR EN UN SEMINARIO			
ESCRIBIR UNA TESIS			
TOMAR APUNTES			
RESUMIR UNA LECCIÓN			
EXPLICAR			
APRENDER			
REVISAR UNA LECCIÓN			

B. EL TRABAJO

TIPOS DE EMPRESA

- Grandes empresas
- Medianas empresas
- Pequeñas empresas
- Empresas individuales (autónomos)
- Empresas sociales
- Sociedad Anónima (S.A.)
- Sociedad Limitada (S.L.)
- Empresas públicas

LA EMPRESA

- El consejo de administración
- La competencia
- El cuadro intermedio
- La cuota de mercado
- El director financiero

- El director general
- El director de marketing
- El director de personal
- El director de producción

ÚTILES DE TRABAJO

- El albarán
- La compra
- La centralita
- El e-mail
- El fax

- La factura
- El impreso
- El mensaje
- El ordenador
- El pago

- El recibo
- El teléfono
- La venta

Lee:

Hace diez años Pepe se asesoró consultando a un asesor de empresas y fundó con otro socio una empresa de hostelería. El negocio que montaron era un pequeño hotel "con encanto" de 15 habitaciones.

Después, pusieron un anuncio en el periódico y recibieron varios *Currículum Vitae*. Por eso contrataron temporalmente a un cocinero, un ayudante de cocina, una recepcionista, dos camareros y un servicio de limpieza compuesto por dos personas. Cotizaron por ellos a la Seguridad Social y les pagaron puntualmente su nómina. Como el negocio iba bien, enseguida les contrataron de manera indefinida. Nunca tuvieron que despedir a nadie. Ni tampoco tuvieron problemas con el Ministerio de Hacienda porque pagaban siempre sus impuestos. El hotel, que se encontraba en la Costa del Sol, siempre estaba lleno. Empezaron a ganar mucho dinero que invirtieron comprando otro hotel "con encanto". Como este nuevo hotel también fue un éxito, decidieron montar una cadena hotelera por todo el país. Actualmente cotizan en Bolsa y quieren exportar la idea al resto del Mediterráneo.

1. Busca en el texto diez verbos relacionados con el mundo laboral y la empresa. Después escribe su infinitivo correspondiente. Consulta el diccionario, si es necesario.

    1. asesoró - *asesorar*
    2. ....
    3. ....
    4. ....
    5. ....
    6. ....
    7. ....
    8. ....
    9. ....
   10. ....

2. Los siguientes adjetivos, adverbios y contrarios definen las características de un trabajo. Complétalos con las vocales que faltan.

1. _nt_r_s_nt_   m_n_t_n_
2. cr_ _t_v_   _b_rr_d_
3. b_n_t_   h_rr_bl_
4. gr_t_f_c_nt_   p_s_d_
5. _sp_c_._l   n_rm_l
6. f_c_l   d_f_c_l
7. r_c_n_c_d_   _ngr_t_

8. r_l_j_nt_   _ g _b_ nt_
9. s_nc_ll_ _   c_mpl_c_d_
10. _gr_d_bl_   d_r_
11. b_ _n _   m_l_
12. b_ _n r_m_n_r_d_
13. m_l   r_m_n_r_d_

3. Completa el organigrama con las siguientes palabras.

- Director de Recursos Humanos
- Director Comercial
- Director General
- Técnicos de Instalaciones
- Jefe Financiero
- Jefes de Equipo
- Administrativo

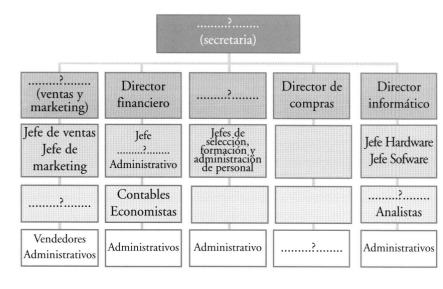

..........?.......... (secretaria)				
..........?.......... (ventas y marketing)	Director financiero	..........?..........	Director de compras	Director informático
Jefe de ventas Jefe de marketing	Jefe ....?.......... Administrativo	Jefes de selección, formación y administración de personal		Jefe Hardware Jefe Sofware
..........?..........	Contables Economistas			..........?.......... Analistas
Vendedores Administrativos	Administrativos	Administrativo	..........?..........	Administrativos

C. LA PROFESIÓN

DEL SECTOR SERVICIOS

- El abogado
- El administrativo
- El aparejador
- El arquitecto
- El auxiliar de vuelo
- El camarero
- El cantante
- El mensajero
- El cirujano
- El dentista
- El dependiente

- El economista
- El ejecutivo
- El enfermero
- El empleado de banca
- El empresario
- El farmacéutico
- El funcionario
- El hombre de negocios
- El ingeniero
- El juez
- El médico

- El músico
- El periodista
- El peluquero
- El piloto
- El portero
- El profesor
- El psicólogo
- El taxista
- El traductor
- El vendedor
- El veterinario

ARRIESGADAS

- El astronauta
- El bombero
- El guardaespaldas

- El guarda jurado
- El policía

MANUALES

- El agricultor
- El albañil
- El carpintero
- El electricista
- El fontanero
- El ganadero
- El jardinero

- El labrador
- El modisto
- El minero
- El pintor
- El zapatero
- El pescador
- El músico

1. **Busca en el diccionario el femenino de las siguientes profesiones.**

- El cantante➡ la ....
- El profesor➡ ....
- El médico➡ ....
- El juez➡ ....
- El actor➡ ....
- El periodista➡ ....

- El abogado➡ ....
- El dependiente➡ ....
- El auxiliar de vuelo➡ ....
- El modelo➡ ....
- El policía➡ ....
- El músico➡ ....

2. **Une con una flecha la profesión, el instrumento y la acción correspondiente.**

PROFESIÓN	INSTRUMENTO O MÁQUINA	ACCIÓN
El juez •	• El papel •	• Martillar
El pianista •	• La bandeja •	• Pitar
La azafata •	• El tractor •	• Pintar
El árbitro •	• El destornillador •	• Flotar
El marinero •	• El ladrillo •	• Regar
La actriz •	• La manguera •	• Representar
El jardinero •	• La partitura •	• Juzgar
El albañil •	• El pincel •	• Tocar
El labrador •	• El silbato •	• Construir
El mecánico •	• El martillo •	• Cultivar
El pintor •	• El Código Penal •	• Servir
El carpintero •	• El salvavidas •	• Desenroscar

Ahora construye frases como en el modelo.

Ej.: *El juez juzga con el Código Penal.*

....
....
....
....
....
....
....
....
....
....
....
....
....
....

3. **Juego del *pictionary* en la pizarra.**
Levanta una tarjeta y lee la acción. Dibújala en la pizarra hasta que tus compañeros adivinen lo que has dibujado. Gana el alumno que reúna más tarjetas dibujadas.

Tres pasajeros y un auxiliar de vuelo están volando hacia Málaga.	El funcionario está sellando una carta oficial en el Ministerio.
El cartero está repartiendo un paquete y dos cartas.	El guardia municipal está poniendo una multa a un camión.
El médico está curando una herida con algodón, agua oxigenada y mercromina.	El pescador está pescando en el río con una caña de pescar.
El modisto está diseñando un traje de novia.	El psicólogo está escuchando al paciente.
El guardaespaldas está protegiendo a la princesa.	Dos mineros están picando en la mina.

4. TIEMPO LIBRE

A. AFICIONES Y/O ACTIVIDADES

LA ARQUEOLOGÍA

LAS ARTES MARCIALES

- El judo
- El kárate
- El taekwondo

LOS BAILES

- La danza
- El flamenco
- El folklore
- De salón

LA COCINA

EL COLECCIONISMO

- Los discos
- Los insectos
- Los libros
- Las medallas
- Las monedas
- Los sellos

LA CERÁMICA

EL CINE

LA CONSTRUCCIÓN

- La maqueta
- La casa de muñecas

LA CORRIDA

LA COSTURA

- El bordado
- El punto
- El corte y confección
- El punto de cruz
- El tapiz

DECORACIÓN

- Las antigüedades
- El bricolaje
- La jardinería
- La tapicería

LA ESCULTURA

LAS EXPOSICIONES Y LOS MUSEOS

- La arquitectura
- La escultura
- La pintura
- La cerámica
- La fotografía

LA FOTOGRAFÍA

INTERNET

LOS JUEGOS

- De cartas
- De mesa
- De niños
- De sociedad
- Los videojuegos

LOS LIBROS

- La encuadernación
- La escritura
- La lectura

LA MÚSICA

- El canto
- Las cintas
- La composición
- Los discos compactos
- Los instrumentos

EL PARTIDO

- El fútbol
- El baloncesto
- El balonmano

LA PINTURA

- La acuarela
- El dibujo
- El grabado
- El óleo

LA RESTAURACIÓN

- Los cuadros
- Los edificios
- Los frescos
- Los libros
- Los muebles

EL TEATRO

- El concierto
- El musical
- La obra
- La ópera
- La zarzuela

LAS TERAPIAS DE GRUPO

- El taichi
- El yoga
- La risoterapia

EL VOLUNTARIADO

1. Clasifica el vocabulario según los siguientes criterios.

• Aficiones y/o actividades manuales, artísticas, lúdicas, intelectuales, didácticas, espirituales y placenteras.
• Aficiones y/o actividades en solitario y en compañía.
• Aficiones y/o actividades en casa y fuera de casa.
• Aficiones y/o actividades caras, baratas y gratuitas.
• Aficiones y/o actividades que tienes y que no tienes.

Ej.: Aficiones y/o actividades manuales: *la cerámica*.

2. Completa con estos verbos y escribe en el espacio entre paréntesis de qué afición y/o actividad se trata.

• enfocar	• esculpir	• excavar
• modelar	• desafinar	• lijar
• montar	• rematar	• barajar

a. El verano pasado estuve con mi profesor y otros compañeros de la facultad en unos yacimientos etruscos en el sur de Italia. ¡Estábamos .... ocho horas diarias! (........................)

b. El otro día fui al taller de Mar y me enseñó a .... Es superdivertido, aunque te manchas muchísimo. Con su ayuda hice unas macetas muy bonitas. (........................)

c. Todavía no he .... el tejado, pero es que necesitaba una sierra y pegamento, y me di cuenta de que no tenía. (........................)

d. Si no .... bien el dobladillo, se te va a deshacer entero. (........................)

e. .... con fuerza el tablero hasta que la superficie quede lisa y suave. (........................)

f. Es muy duro .... pero cuando ves la figura, como si saliera del mármol, es maravilloso. (..................)

g. .... bien, que quiero mandarle esta foto a mi novia. (..................)

h. Acabo de comprar estas cartas, así que .... bien porque están ordenadas. (..................)

i. Mi hija practica en casa. ¡Pobre! Ella cree que lo hace bien pero .... muchísimo y a mí me pone un dolor de cabeza... (..................)

3. **Completa los espacios en blanco siguiendo este ejemplo:**
Ser voluntario de la Cruz Roja es una actividad (altruismo) altruista, pero requiere mucha (dedicado) dedicación.

a. Ser arqueólogo es (pasión) ...., pero requiere mucha (paciente) ....

b. Hacer cerámica es (entretenimiento) ...., pero requiere mucha (constante) ....

c. Hacer punto es (relax) .... pero requiere mucha (atento) ....

d. Jugar al ajedrez es (complejidad) .... Por eso, requiere mucha (concentrado) ....

e. Pintar al óleo es una actividad muy (intuición) .... y requiere mucha (creativo) ....

f. Restaurar un fresco, un cuadro o un incunable es extremadamente (delicadeza) .... Por eso, requiere muchísimo (riguroso) ....

B. LOS DEPORTES

Deportes que se practican...

EN TIERRA

EN PISTA

- El baloncesto
- El balonvolea
- El balonmano
- El tenis
- El fútbol
- El rugby
- La esgrima

- La gimnasia
- El boxeo
- El patinaje
- El hockey sobre hielo
- El judo
- La halterofilia

AL AIRE LIBRE

- El esquí (de fondo)
- El montañismo
- El alpinismo
- El senderismo
- El lanzamiento de disco/peso/jabalina
- El atletismo: salto de altura/pértiga/longitud

EN EL AIRE

- El vuelo sin motor
- El parapente

- El ala delta
- El ultraligero

- El paracaidismo

CON VEHÍCULO

- El ciclismo

- El motociclismo

- El automovilismo

EN EL AGUA

- La natación
- El waterpolo
- El buceo

- El submarinismo
- La vela
- El windsurf

- El esquí acuático
- La pesca (con caña)
- La pesca (submarina)

CON ANIMAL

- La hípica

- El polo

1. **Relaciona cada objeto con el deporte adecuado.**

El florete •
La raqueta •
La pala •
El balón de reglamento •
La cuerda •
La botella de oxígeno •
El paracaídas •

• El tenis
• El fútbol
• El paracaidismo
• El alpinismo
• El submarinismo
• La esgrima
• El ping-pong

2. **En la siguiente lista hay nombres de personas relacionadas con la práctica de deportes, ¿puedes subrayarlas como en el ejemplo?**

la canasta, la cancha, <u>el árbitro</u>, el contrincante, la cuerda, el corredor, el estadio, la pista, el jugador, la cima, el juez de línea, la piscina, el juego, la red, el casco, la carrera, el patín, el guante, el recogepelotas, el premio, el golpe, el encestador, el ring, el entrenador, el campo, el portero, el gol, el pico, la competición, el equipo, la pelea, el partido, la pértiga, el atleta.

3. **Ordena las siguientes letras y forma adjetivos y expresiones.**

• aifcl ➡ *fácil*
• dfcliii ➡ ....
• aieaorrsgd ➡ ....
• tmrreeaio ➡ ....
• dotiverdi ➡ ....

• cmpltoeo ➡ ....
• ne frmoa ➡ ....
• aton ➡ ....
• xtreoardnairio ➡ ....
• ed liete ➡ ....

4. **Completa las frases con los siguientes verbos.**

• correr
• empatar
• nadar

• aplazar
• doparse
• jugar

• celebrarse
• mantenerse
• entrenarse

a. Últimamente va a .... a la piscina cubierta una vez por semana.

b. Debido a la lluvia .... el partido de tenis en tierra batida para el día siguiente.

c. Induráin era un corredor ciclista que .... muy bien en las contrarrelojes.

d. Ayer .... la final de balonmano.

e. Por no atacar más, nuestro equipo .... 80-80.

f. Por .... todos los días ese jugador está en forma.

g. Está prohibido .... antes de una competición deportiva.

h. A ese equipo de fútbol sólo le faltan dos partidos de la liga por ....

i. Para .... delgado, es bueno hacer deporte.

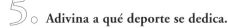

Adivina a qué deporte se dedica.

> *Se llama Arancha Sánchez Vicario y nació en Barcelona a finales de 1971. Ha ganado numerosos campeonatos en España y también a nivel mundial teniendo como contrincantes a grandes figuras como Steffi Graf, M. Navratilova, G. Sabatini... En 1989 se proclamó campeona de la prestigiosa copa Roland Garros y volvió a repetir ese triunfo algunos años después. Además ha quedado finalista y ha sido ganadora de premios y medallas en numerosos torneos internacionales.*

Ahora piensa en un deporte. Tus compañeros mediante preguntas deben adivinar cuál es.

Ej.: *¿Se practica en la nieve?
   - *No.*
   * ¿Es un deporte de riesgo?
   - *No.*
   * ¿Es un deporte al aire libre?
   - *Sí.*
   * ¿Se juega con un balón?
   - *Sí.*
   * Es el fútbol.
   - *Sí.*

C. PRENSA, RADIO Y TELEVISIÓN

¿QUÉ LAS DIFERENCIA?

PRENSA	RADIO	TELEVISIÓN
• El anuncio por palabras	• El dial	• El brillo
• El articulista	• La emisora	• El canal / la cadena
• El artículo	• La frecuencia	privado/a o
• La columna	modulada	público/a
• La contraportada	• La onda media	• El color
• El editorial		• El doblaje
• La imprenta		• La imagen
• El periódico		• El intermedio
• La portada		• La pantalla
• La publicación		• El reportero gráfico
• La revista		• El teletexto
• La sección		• El televisor

¿QUÉ LES ASEMEJA?

PRENSA	RADIO	TELEVISIÓN
• La antena	• El locutor	• El redactor
• El anuncio	• El mando a distancia	• El sonido
• El capítulo	• El periodista	• El titular
• El corresponsal	• El volumen	• El presentador
• La interferencia	• El programa	
	• La publicidad	

¿QUÉ NOS OFRECEN?

PRENSA	RADIO	TELEVISIÓN
• Un culebrón	• Un debate	• Los dibujos animados
• Un documental	• Un concurso	• Una entrevista
• Un especial	• Las noticias	• Una película
• Un programa	• Una radionovela	• Un reportaje
• Una sección	• El sumario	• Una serie
• Una tertulia	• Una telenovela	

1. **Completa este relato con las palabras aprendidas.**

Era de noche y no tenía mucho sueño, así que eché mano del p................. .

Por aquel entonces estaba buscando un coche de segunda mano. Abrí el p................. por la página del s................. y localicé la s................. de a................. p................. p................., apartado de oferta de automóviles. Era la página 72. Eché un vistazo a los a................. pero no encontré nada interesante. Entonces pasé la página y vi un a................. sobre el último atentado. ¡Qué horror! Después cerré el p................. y puse la r................. . Sintonicé el p................. "Última hora". Precisamente el l................. estaba comentando lo del atentado. Pero, de repente, la r................. empezó a hacer un ruido que aturdía: había una i................. . Intenté arreglarlo, pero en vista de que no cogía la e................., apagué la r................. . Fui hacia la t................. y la encendí, pero la i................. era borrosa. Así que cogí el m................. a d................. para ajustarla. Quería saber algo más sobre el atentado, pero era tarde y las n................. habían terminado. Entonces cambié de c................. y daban un c................. de esos de preguntas y respuesta rápidas y millones de pesetas en el aire. Volví a cambiar y había un d................. sobre la conveniencia o inconveniencia del d................. en las películas extranjeras. Al final opté por ver una p................. ya empezada que echaban en "Canal 205". En el i................. observé que, curiosamente, se llamaba "Busco el coche de mis sueños". ¡Qué cosas tiene la vida!

2. **Relaciona el vocabulario del apartado "¿Qué nos ofrecen?" con los siguientes datos.**

Ej.: *Un culebrón* venezolano / mejicano.

* Venezolano/a mejicano/a.
* Interesante / absurdo.
* Sobre la vida animal / sobre las catástofres naturales.
* Para ganar una casa / para dar la vuelta al mundo.
* A personajes de la vida pública / a gente ordinaria con experiencias estremecedoras.
* "Terrorismo: ¿Hasta cuándo?" / "Rafael Alberti: El adiós del poeta".
* Internacional/es / el deporte.
* De fútbol / de recetas de cocina.
* De terror / de acción.
* Sobre la guerra en Chechenia / sobre el maltrato a las mujeres.
* Entre escritores / entre intelectuales de diferentes ámbitos.

3. **¿Cuál de estos medios prefieres: prensa, radio o televisión?**
....

Ahora elabora el sumario para mañana en tu medio favorito:
Ej.: *De Prensa:* Sección Internacional- Artículo sobre la guerra en Chechenia.

* ....
* ....
* ....

Ej.: *De Radio:* 8,00- Tertulia "Desayuno con noticias" con nuestros invitados los escritores Camilo José Cela y Manuel Rivas.

* ....
* ....
* ....

Ej.: *De Televisión:* 9,00-Programa de la Dirección General de Tráfico sobre el estado de la circulación en la capital.

* ....
* ....
* ....

5. VIAJES Y TRANSPORTES

A. EL TRANSPORTE PÚBLICO

EL AUTOBÚS

- El asiento (abatible)
- El autobús (de línea)
- La dársena
- La estación de autobuses

EL METRO

- La boca de metro
- La estación de metro
- El pasillo
- Las puertas automáticas
- El túnel
- La taquilla

EL TREN

- El coche-cama
- La estación de tren
- El jefe de estación
- La litera
- La locomotora
- El maquinista
- El tranvía
- El tren correo
- El tren de cercanías
- El tren de mercancías
- El vagón
- La vía

EL AVIÓN

- El avión
- El aeropuerto
- La azafata
- El auxiliar de vuelo
- La cinta mecánica
- El jefe de cabina
- La maleta
- El mostrador de líneas aéreas
- El piloto
- El vuelo

EL BARCO

- La barca (de turistas)
- El bote salvavidas
- El camarote
- El capitán
- La cubierta
- El marinero
- El muelle
- El ojo de buey
- El pasaje
- El puerto: deportivo/pesquero
- El timón
- La vela

LÉXICO COMÚN

TREN Y METRO:
* El andén
* El silbato

TREN, METRO Y AUTOBÚS:
* El abono de transporte
* El conductor
* La parada
* El revisor

TREN, METRO, AUTOBÚS Y AVIÓN:
* La ventanilla
* El asiento

TREN, AUTOBÚS, AVIÓN Y BARCO:
* El carrito
* El control de pasaportes
* El destino
* La facturación de equipajes
* La fecha
* La llegada
* El mostrador de información
* El panel de viajes
* La procedencia
* La reserva
* La sala de espera
* La salida

TREN, METRO, AUTOBÚS, AVIÓN Y BARCO:
* El altavoz
* El asiento (de la ventana, del pasillo)
* La balanza
* El billete
* Las escaleras mecánicas
* El horario
* El pasajero
* El plano
* El servicio de megafonía
* El trayecto
* El transbordo

AVIÓN Y BARCO:
* La aduana
* La escala
* La tripulación
* La travesía

1. **¿Qué hay que hacer para viajar en un avión? Ordena las frases.**

   ☐ Montar en el avión.

   ☐ Pasar el control de aduanas y pasaportes.

   ☐ Confirmar el vuelo.

   ☐ Esperar en la sala de embarque.

   ☐ Ir al aeropuerto y comprobar el horario en el panel de vuelos.

   ☐ Pagar el billete.

   ☐ Ir al mostrador de líneas aéreas.

   ☑ *1* Reservar una plaza en un vuelo.

   ☐ Facturar el equipaje.

2. **Completa el cuadro, relacionando la acción con uno o varios medios de transporte.**

	TREN	METRO	AUTOBÚS	BARCO	AVIÓN
navegar				X	
reservar					
confirmar					
hacer el equipaje					
marearse					
facturar					
salir en punto					
retrasarse					
partir					
llegar					
parar					
salir					
zarpar					
atracar					

3. Contesta a las siguientes preguntas. Justifica tu respuesta con tu compañero.

¿Cuál es el medio de transporte...	LARGO RECORRIDO	CORTO RECORRIDO
...más seguro?	el avión	
...más rápido?		
...más barato?		
...más cómodo?		
...más puntual?		
...más peligroso?		
...más cansado?		
...más práctico?		

4. Imagina que eres un agente especial que trabaja para el servicio de "Misiones Imposibles" de tu país. En este momento te encuentras en Madrid y tienes que trasladarte urgentemente hasta la isla de Lanzarote (Canarias) para, así, resolver un caso de importación ilegal de petróleo en un barco. Hay una huelga de pilotos en la península. ¿Qué pasos sigues para trasladarte hasta allí? Escribe el itinerario del viaje en tu agenda.

1.º *Llamar a la estación de trenes y reservar una plaza en el tren de alta velocidad AVE hasta Sevilla.*

2.º ....

3.º ....

4.º ....

5.º ....

6.º ....

B. EL AUTOMÓVIL

POR FUERA

- La baca
- El capó
- La carrocería
- Las cerraduras
- El claxon
- Los espejos retrovisores laterales
- Los faros
- El limpiaparabrisas
- Las llantas

- El maletero
- La matrícula
- El parachoques
- Los pilotos
- Las puertas
- La rueda (de repuesto)
- La tapa del depósito de gasolina
- El tubo de escape
- La ventanilla

POR DENTRO

- El acelerador
- Los asientos (abatibles)
- El aire acondicionado
- El cenicero
- El cinturón de seguridad
- El cuadro de mandos
- El cierre centralizado
- El cuentakilómetros
- La dirección asistida
- El embrague
- El encendedor
- El elevalunas automático

- El espejo retrovisor interior
- El freno
- La guantera
- El indicador de cambio de dirección
- La manilla
- Las marchas
- La palanca de cambios
- El radiocasete
- El salpicadero
- El seguro
- El quitasol

EN EL INTERIOR DEL CAPÓ

- El aceite
- El agua
- La batería
- Las bujías
- La caja de cambios

- La caja de transmisiones
- El carburador
- El delco
- El motor

EL GARAJE

- El aparcamiento (subterráneo)
- La cabina
- La cuesta
- La curva

- La entrada
- La ficha
- La plaza
- La barrera

ESTACIONES DE SERVICIO

- La planta
- La salida
- El ticket
- La gasolinera
- El surtidor

- El tanque
- La gasolina: súper/con plomo/sin plomo
- El gasoil

TALLERES

- El aire
- El destornillador
- La factura
- El gato

- La llave inglesa
- La pieza
- La reparación

1 o **Señala qué acciones se pueden hacer y cuáles suponen una infracción de tráfico.**

- Arrancar un coche.
- Dar marcha atrás sin mirar.
- Hacer maniobras para aparcar.
- Circular en sentido contrario.
- Adelantar por la izquierda.
- Atropellar a alguien.
- Conducir con exceso de velocidad.
- Aparcar en doble fila.
- Aparcar en batería.
- Frenar en seco (si es preciso).

ESTÁ PERMITIDO	NO ESTÁ PERMITIDO
1	1 ....
2	2 ....
3	3 ....
4	4 ....
5	5 ....

2. Busca diez adjetivos calificativos en la sopa de letras.

A	R	R	E	G	L	A	D	O	O	L	M
B	C	D	F	W	G	B	H	M	J	K	E
N	Ñ	O	P	Q	R	U	S	O	E	T	S
U	V	Z	B	O	C	E	F	D	I	H	T
J	K	B	K	U	L	N	U	E	V	O	R
R	E	W	Q	G	Ñ	O	K	R	O	T	O
T	Y	U	I	I	O	P	A	N	S	D	P
F	G	H	J	T	K	L	Ñ	O	Z	X	E
C	M	V	S	N	B	N	M	Q	D	E	A
F	A	I	F	A	G	J	M	K	L	Ñ	D
Y	L	B	L	N	S	Y	E	K	U	M	O
Q	O	D	N	A	W	I	P	A	X	Z	T

3. Por parejas, jugad al ahorcado con las palabras de la lista anterior. Por cada error dibuja una línea, tienes diez intentos.

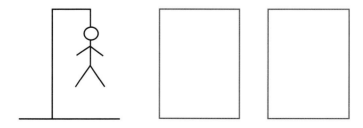

C. VACACIONES

EL VIAJE

- La agencia de viajes
- El folleto turístico
- El catálogo del país/ciudad...
- La reserva
- La contratación
- El paquete
- El itinerario
- El recorrido

- Los lugares de interés
- Las excursiones
- Las visitas culturales
- El conjunto monumental
- La (tarjeta) postal
- El recuerdo
- El /la guía turístico-a
- El /la turista

EL ALOJAMIENTO

- El hotel
- El parador
- El apartahotel
- El hostal
- La pensión
- La residencia
- El albergue
- El camping

- El alojamiento y desayuno
- La media pensión
- La pensión completa
- La habitación doble
- La habitación individual

En el hotel
- La recepción
- El casillero
- La llave o tarjeta de la habitación
- El maletero

- El servicio de habitaciones
- El vestíbulo
- El relaciones públicas

EL EQUIPAJE

- La maleta
- La bolsa de mano
- El baúl
- El neceser

- La cámara
- El rollo
- La foto(grafía)

LA DOCUMENTACIÓN

- El billete (de ida y vuelta)
- El pasaje
- El pasaporte
- El visado
- El certificado médico
- El seguro de viaje

El dinero
- El cambio
- La moneda
- La tarjeta de crédito
- Los cheques de viaje
- Los impuestos

1. o **Forma frases usando elementos de las dos columnas.**

Ej.: *Tengo que hacer la maleta para salir de viaje.*

1. Hacer la maleta.	**a.** conocer mejor la historia del país.
2. Sacar fotos.	**b.** no quemarme.
3. Visitar monumentos.	**c.** recordar los sitios y los mejores momentos del viaje.
4. Tomar el sol.	
5. Darme crema de protección.	**d.** visitar los lugares de interés.
6. Pedir información.	**e.** no perderla.
7. Poner una etiqueta con mis datos personales en la maleta.	**f.** salir de viaje.
	g. pasar la noche en un hotel.
8. Reservar alojamiento.	**h.** ponerme morena.

2. o **Escribe el adjetivo calificativo correspondiente a cada sustantivo. Después lee la palabra de la columna porque es el nombre de una ciudad andaluza.**

1. Turista   1. _ _ _ _ S _ _ _ _
2. Entretenimiento 2. _ _ _ _ _ _ _ _ _ _
3. Maravilla   3. _ _ _ V _ _ _ _ _ _
4. Horror   4. _ _ _ _ _ _ _ _
5. Belleza   5. _ _ L _ _
6. Regulación   6. _ _ _ _ _ _ _
7. Aburrimiento   7. A_ _ _ _ _ _ _

3. Lee.

Lo pasé .... de maravilla/cine/vicio/película.
"bomba"/muy bien.
bien.
regular/ni fu ni fa.
mal.
de pena.
horrible/fatal/muy mal.

4. Valora las siguientes actividades utilizando los adjetivos y expresiones anteriores.

¿QUÉ TAL LO PASASTE DURANTE...	VALORACIÓN
tus últimas vacaciones en la playa?	de maravilla
tu última acampada en la montaña?	
tu último viaje relámpago por motivos personales urgentes?	
tu luna de miel?	
tu última excursión con tus amigos?	
tu último viaje de negocios?	

6. RELACIONES SOCIALES

A. LA FAMILIA Y SUS CELEBRACIONES

LA FAMILIA

- El abuelo
- El ahijado
- El bisabuelo
- El concuñado
- El consuegro
- El cuñado
- El ex
- El hermano
- El hijastro
- El hijo
- El nieto
- El padrastro
- El padre
- El padre adoptivo
- El padrino
- El primo
- El sobrino
- El suegro
- El tío
- El yerno

- La abuela
- La ahijada
- La bisabuela
- La concuñado
- La consuegra
- La cuñada
- La ex
- La hermana
- La hijastra
- La hija
- La nieta
- La madrastra
- La madre
- La madre adoptiva
- La madrina
- La prima
- La sobrina
- La suegra
- La tía
- La nuera

- Los abuelos
- Los ahijados
- Los bisabuelos
- Los concuñados
- Los consuegros
- Los cuñados
- Los hermanos
- Los hijastros
- Los hijos
- Los nietos
- Los padres
- Los padres adoptivos
- Los padrinos
- Los primos
- Los sobrinos
- Los suegros
- Los tíos
- Los hijos políticos

LAS CELEBRACIONES

- El bautizo
- El cumpleaños
- La primera comunión
- La confirmación

- La boda religiosa
- La boda civil
- La boda por poderes
- Las bodas de plata

- Las bodas de oro
- Las bodas de platino
- El entierro
- El funeral

1. Dibuja el árbol genealógico de tu familia.

2. Responde según el ejemplo.

A. ¿ Quién es el padre del hermano de tu padre?
B. *Es mi abuelo.*

A. ¿ Quién es la cuñada de tu marido?
B. ....

A. ¿Quiénes son los hijos de la hermana de tu madre?
B. ....

A. ¿Quiénes son los padres de la madre de tu padre?
B. ....

A. ¿ Quién es el marido de tu hija?
B. ....

3. Escribe una lista de personas pertenecientes a tu familia que asistieron a las siguientes celebraciones, e indica, asimismo, su estado civil (soltero/a, pareja de hecho, casado/a, separado/a, divorciado/a, viudo/a, otros...).

CUMPLEAÑOS	BODA RELIGIOSA	BAUTIZO
•	•	• ....
•	•	• ....
•	•	• ....
•	•	• ....
•	•	• ....
•	•	• ....
•	•	• ....
•	•	• ....
•	•	• ....
•	•	• ....

B. LA PAREJA

CON COMPROMISO FIRME

- Cónyuge
- Marido / Mujer
- Esposo / Esposa
- Señora
- Prometido/a
- Novio/a (formal)
- Pareja estable
- Pareja de hecho
- Compañero/a

- Amante
- Amigo/a
- Lío
- Historia
- Aventura

} *(Terceras personas)*

CON POCO COMPROMISO

- Novio/a
- Pareja
- Chico/a

SIN COMPROMISO

- Amigo/a
- Rollo

- Historia
- Aventura

EXPRESIONES DE AFECTO

- Cariño
- Cielo
- Corazón
- Reina (mora)
- Mi Rey

- Tesoro
- (Mi) Vida
- (Mi) Amor
- Nena
- (Mi) Sol

PREPARATIVOS DE BODA

La pedida de mano
- El reloj
- La sortija
- El anillo

Los preparativos de la ceremonia
- Las arras
- El cursillo prematrimonial
- La iglesia
- El Registro Civil
- Las invitaciones

- La lista de invitados
- El anillo
- La alianza
- La música
- El coro
- El cura

- El sacerdote
- Los padrinos
- Los testigos
- El organista

Los preparativos del banquete
- El restaurante
- El hotel
- La sala
- El menú

- La tarta
- Los cubiertos
- La orquesta

La lista de bodas
- La tienda
- Los grandes almacenes

Las pruebas del traje de novia
- El traje de novia
- El velo
- La cola
- El ramo
- Algo azul / nuevo / prestado
- El liguero

- El recogido
- El tocado
- La peluquería
- La manicura
- El maquillaje

La despedida de soltero/a
- El "boys"
- El "striptease"
- El alcohol

1. **Indica las relaciones de pareja existentes en las siguientes situaciones.**

   a. Nos conocimos el verano pasado y nos enamoramos locamente. Le di mi teléfono pero nunca más se supo. Así que todo quedó en *una aventura*.

   b. Llevaban diez años casados y todo el mundo se quedó de piedra cuando se separaron. Después se supo que él tenía ....

   c. A: María se está haciendo las pruebas del traje de novia en Giorgio Armani.
      B: Pero le va a salir muy caro.
      A: ¡Qué va! Lo van a pagar sus futuros suegros. Es que la familia de su .... tiene mucho dinero.

   d. Parece que lo de Carlos y Laura va en serio, aunque a él no le guste decir que ella es su ....

   e. A: ¡Anda! Me he enterado de que Jaime tiene novia.
      B: ¡Que no te oiga Jaime decir: novia! Es su ....

2. **Incorpora al diálogo el léxico adecuado.**

   Pilar: *Cariño*, ¿has llamado ya a "Viste tu hogar" para ver si está *la lista de bodas*?

   José: ...., ¿no me dijiste ayer que tú te ocuparías de eso y de llamar a tu prima, la que canta en .... de su colegio?

   Pilar: Lo de mi prima, sí. Venga, ... , que además tengo que llamar a .... para elegir los platos de .... y decir cuántos .... serán.

   José: Bueno. ¡Oye, ..., te has dejado .... de pedida en el lavabo! ¡La vas a perder!

3. **JUEGO CON TARJETAS: El estudiante A escoge una tarjeta sin mirar. Después la lee y explica la palabra en mayúsculas sin utilizar las palabras en minúsculas.**
   El estudiante B controla que A no use las palabras en minúsculas.
   El estudiante C intenta adivinar la palabra en mayúsculas.

LISTA DE INVITADOS	TARTA	EL TRAJE DE NOVIA
• Nombre • Persona • Escribir	• Comida • Postre • Tomar	• Llevar • Novia • Blanco

BOYS	BANQUETE	BODA
• Lugar • Espectáculo • Hombre	• Comida • Baile • Música	• Casarse • Iglesia • Novios

RAMO	ALIANZA	PELUQUERÍA
• Flor • Novia • Boda	• Anillo • Dedo • Boda	• Pelo • Peinar • Novia

CURA	ORQUESTA	AJUAR
• Iglesia • Religioso • Boda	• Baile • Instrumento • Música	• Novia • Cosa • Casa

C. LA AMISTAD

LA GENTE

- Amigo/a
- Conocido/
- Chico/a
- Hombre / Mujer
- Tío/a
- Colega
- Persona
- Grupo
- Pandilla
- Cuadrilla

EN CASA (La fiesta)

- El anfitrión
- El invitado
- El regalo
- La tarjeta de felicitación
- El canapé
- El brindis
- La tarta
- Las velas
- La música
- El baile
- El matasuegras
- El silbato
- La piñata
- La serpentina
- La guirnalda
- El farolillo
- El globo
- La bomba fétida
- El juego
- El gorro
- La careta
- El disfraz

EN OTROS LUGARES

- El bar
- La discoteca
- El restaurante
- El disco bar
- La bolera

- Los billares
- El salón de juegos recreativos
- El parque de atracciones

- El mesón
- La cafetería
- El café

1. Selecciona una de las tres opciones.

a. - ¿Quién es esa ....?
   - Es una gran .... de María. Se conocen desde la infancia.

> 1. cuadrilla / amiga
> 2. chica / amiga
> 3. colega / mujer

b. - Realmente no es .... mío, es sólo un ....

> 1. tío / colega
> 2. colega / amigo
> 3. amigo / conocido

c. - Carlos es de la .... de Celia, Alejandro y todos ésos.

> 1. pandilla
> 2. grupo
> 3. amiga

d. - Oye, ¿quién es ése que está hablando con Mauricio?
   - Es un .... que conoció el otro día.

> 1. tío
> 2. amigo
> 3. conocido

2. ¿Qué elementos de la lista de "en casa" introducirías en una fiesta de...

* ... cumpleaños?

  ....
* ... despedida?

  ....
* ... despedida de soltero/a?

  ....
* ... niños?

  ....

3. ¿En qué lugares de reunión de amigos se puede...

* ... tomar unas cañas?

  ....
* ... jugar a los bolos?

  ....
* ... tomar unas tapas?

  ....
* ... jugar al futbolín?

  ....
* ... ligar con alguien?

  ....
* ... pedir la cuenta?

  ....
* ... jugar al billar?

  ....
* ... montar en la montaña rusa?

  ....
* ... tomar un café?

  ....

7. SALUD Y ESTADO FÍSICO

A. HIGIENE Y BELLEZA

	HIGIENE CORPORAL	BELLEZA
La ducha / el baño	• La pastilla de jabón • La esponja • La jabonera • El gel de ducha y baño • El cepillo de espalda • La toalla • La piedra pómez	• Las sales de baño • Las bolas de aceite • La crema del cuerpo • La crema anticelulitis • La colonia • El perfume

El lavado de cabeza	• El champú
	• El suavizante
	• La mascarilla
	• El peine
	• El cepillo de pelo
	• La horquilla
	• El rulo
	• La pinza
	• La red
	• El secador
		• El peinado:
		   alisado
		   permanente
		   teñido
		   corte
		   recogido
		   moño
		   coleta
		   flequillo
		   con/sin raya
		• La espuma
		• La gomina
		• La laca

La limpieza de dientes	• La pasta de dientes • El dentífrico • El enjuague bucal • El hilo dental • El cepillo de dientes	• El lápiz de labios • El perfilador de labios • El cacao • La vaselina

	HIGIENE CORPORAL	BELLEZA

El afeitado	• La crema de afeitar
	• La brocha
	• La maquinilla
	• La loción de afeitar
		• La depilación:
		  a la cera
		  a cuchilla
		  con máquina de afeitar
		• El desodorante

La limpieza de cutis	• Los poros • La vaporización • Las impurezas • El *peeling* • La mascarilla	• La crema hidratante • La crema nutritiva • El tónico • La crema desmaquilladora • La crema antiojeras • El maquillaje
La limpieza de uñas	• El cepillo • El quitacutículas	• La manicura • La lima • El quitaesmalte • Las tijeras • El esmalte de uñas
El lavado de ojos	• El desmaquillador de ojos	• La sombra • El lápiz • El rímel
Higiene corporal completa	• El rollo de papel higiénico • La compresa / El tampón (mujer) • El pañal (bebé)	

1. **Completa las frases con las palabras del recuadro.**

• El cirujano plástico • La manicura • El barbero • El masajista	• La esteticista • La peluquera • La maquilladora

a. .... le ha lavado, cortado y teñido de pelirrojo su bonita melena.

b. Ya que estoy en la peluquería quiero arreglarme bien las manos y hacerme ....

c. ¡Qué barba tan apurada llevas!
   - Sí, y eso que no he ido al .... Me la he afeitado yo mismo.

d. Si necesitas hacerte una buena limpieza de cutis, te recomiendo a Ana, ... que trabaja en el centro de belleza Rosita.

e. .... le ha operado de la nariz y le ha puesto silicona en los labios a una actriz.

f. ¿Sabes que Teresa es .... del Teatro Real?

g. ¡Cuánto me duele la espalda! Puesto que eres ...., ¿puedes darme un buen masaje, por favor?

2. **Busca en el recuadro el contrario de los verbos de la lista de abajo.**

• Ensuciarse	• Desenredarse	• Desmaquillarse
• Rizarse	• Enjabonarse	• Secarse

1. Aclararse ≠ *Enjabonarse*
2. Mojarse ≠
3. Pintarse ≠
4. Lavarse ≠
5. Alisarse ≠
6. Peinarse ≠

3. **Relaciona cada objeto con un adjetivo.**

El gel •   • fresca

La colonia •   • hipoalergénico

El rulo •   • perfumado

La crema hidratante •   • relajantes

Las sales de baño •   • revitalizante

El desodorante •   • redondo

4. Imagina que Pepe y Ana salen de vacaciones. ¿Qué meterian en su neceser de viaje?

Ana lleva: *un cepillo de dientes,* ....
....

Pepe lleva: ....
....

5. Piensa en algún actor, actriz, cantante... muy famoso de tu país, ¿cuál o cuáles de estas operaciones de estética ha podido hacerse? Coméntalo con tu compañero:

* una liposucción
* un estiramiento de la piel
* un lifting en las patas de gallo
* una implantación de silicona en diferentes partes del cuerpo
* una cirugía estética en diferentes partes del cuerpo

B. PARTES DEL CUERPO Y ENFERMEDADES

PARTES DEL CUERPO

La cabeza

* El cerebro
* El cerebelo
* El cráneo
* La boca

* Las fosas nasales
* El globo ocular
* Las orejas

El aparato respiratorio

* El aire
* Los bronquios
* La nariz
* Las costillas

* El esternón
* El pulmón
* La tráquea
* La garganta

El aparato circulatorio

- La arteria
- El corazón
- Los glóbulos rojos / blancos
- Las plaquetas
- El vaso sanguíneo
- La vena

El aparato digestivo

- El esófago
- El estómago
- El hígado
- El páncreas
- La vesícula biliar
- El intestino

El aparato excretor y reproductor

- Los riñones
- La pelvis
- La uretra (varón): el pene
- La vejiga (mujer): la vagina

Otros

- Los músculos
- Los huesos
- Los nervios

ENFERMEDADES

- La alergia
- La anorexia
- La astenia
- El ardor de estómago
- El asma
- La bronquitis
- El cáncer
- El catarro
- La cistitis
- La conmoción
- El corte de digestión
- La diabetes
- La enfermedad crónica
- La enfermedad pasajera
- La enfermedad vascular
- La escarlatina
- El esguince
- La gripe
- La hemorragia cerebral
- La hepatitis
- La herida
- La hernia
- La inflamación
- El lumbago
- La llaga
- La neumonía
- La peritonitis
- El picor
- La pulmonía
- La reacción cutánea
- El reúma
- La rotura de ligamentos, huesos...
- El sarampión
- El trastorno digestivo
- La tosferina
- La trombosis
- El tumor
- La úlcera
- La varicela

1. **Escribe la definición de las siguientes especialidades médicas. Usa el diccionario, si lo necesitas.**

Ej.: *Un neurólogo es un médico especialista en el sistema nervioso.*

Un dentista ....

Un otorrinolaringólogo ....

Un oftalmólogo ....

Un cardiólogo ....

Un dermatólogo ....

Un pediatra ....

Un traumatólogo ....

Un oncólogo ....

Un cirujano ....

Un ginecólogo ....

Un urólogo ....

Un podólogo ....

2. **Completa las siguientes frases con las palabras del recuadro.**

• radiografía • quimioterapia
• extirpación • análisis
• síndrome • tensión
• pulso

a. Como tiene la .... un poco alta ha dejado de tomar sal y café.

b. Mañana le operan, van a hacerle una .... de riñón para ponérselo a su hermano.

c. En la .... de la pierna han comprobado que tiene rotura de ligamentos.

d. Mañana le dan el resultado del .... de embarazo.

e. Hoy me he tomado el .... en la muñeca y creo que lo tengo normal.

f. Desde que le detectaron el cáncer de piel sigue un tratamiento periódico de ....

g. Tiene un .... febril tan alto que deberá guardar cama durante una semana.

3. En este recuadro hay sinónimos del adjetivo "enfermo" y de su antónimo "sano", ¿puedes escribirlos?

• Achacoso	• Vigoroso	• Malo	• Robusto
• Delicado	• Vital	• Enclenque	• Enfermizo
• Débil	• Fuerte	• Indispuesto	• Saludable

Sano = ...

....

Enfermo = ...

....

4. Relaciona la acción con la palabra adecuada.

operar •	• cama
vacunarse •	• insulina
toser •	• una recaída
guardar •	• a corazón abierto
mejorarse •	• a revisión
concertar •	• de la gripe
ir •	• una cita
agravarse •	• disimuladamente
inyectarse •	• pronto
sufrir •	• una enfermedad

5. Juego de la pelota y la tarjeta.

Cada alumno escribe sus palabras relacionadas con el léxico de la unidad en un papel y se las entrega al profesor. El profesor pone música mientras los alumnos se tiran una pelota entre ellos.

Cuando el profesor para la música, el alumno que tiene la pelota en la mano coge un papel y en 1 minuto debe explicar a sus compañeros qué significa. Gana el alumno que acierta más palabras.

C. ACCIDENTES

LABORALES

- La caída (desde el andamio)
- La asfixia

- El desprendimiento de terreno
- El corrimiento de tierras

CASEROS

- Las caídas desde:
  la ventana
  el balcón
  la escalera...

- La intoxicación por:
  alimentos en mal estado
  medicamentos
  productos químicos
  productos de limpieza
  pinturas

- Las quemaduras por:
  líquidos calientes
  caída de plancha
  la llama de un fogón
  una estufa
  un incendio

- Las electrocuciones por:
  uso de aparatos defectuosos
  defectos en las instalaciones
  los juegos del niño

- El derrumbamiento del edificio

DE TRÁFICO

- La colisión:
  lateral
  por detrás
- El choque frontal
- La falta de visión

- El vuelco del coche
- El derrape
- El deslizamiento
- El atropello

1a. **Lee los siguientes diálogos.**

En el servicio de urgencias del hospital.

Diálogo A

* Y a Vd., ¿qué le ha pasado?

- Pues nada, que estaba cocinando tranquilamente, he puesto aceite a calentar en la sartén, y no sé qué movimiento he hecho con el mango porque de repente se ha volcado y me ha caído todo el aceite en el brazo.

Diálogo B

* Y a ti, Elenita, ¿qué te ha ocurrido?

- Es que mi vecina Paulita me ha llamado para salir a la calle a jugar. Total que he bajado tan rápido las escaleras que me he caído y me he roto la pierna.

Diálogo C

* Cuénteme, ¿qué le ha ocurrido?

- Verá, ayer celebramos el cumpleaños de mi hija y se me ocurrió comprar unas ostras de aperitivo. El caso es que estaban malas y nos intoxicamos.

Diálogo D

* Y tú, ¿por qué llevas una venda en el brazo y tienes tantas magulladuras y moratones?

- Es que me ha atropellado una bici.

* ¡Qué me dices!

- Lo que oyes. No he oído ningún ruido, he cruzado la calle sin mirar, y un ciclista que pasaba me ha pillado.

* ¡Qué mala suerte!

1b. **Ahora vuelve a resumir lo que les ha pasado a estas personas usando el presente histórico con valor coloquial.**

Ej.: *Diálogo A*

* Y a Vd., ¿qué le ha pasado?

- Pues nada, que <u>estoy cocinando</u> tranquilamente, <u>pongo</u> aceite a calentar en la sartén...

2. **Completa ahora estos otros diálogos con los verbos del recuadro.**

• atropellar	• herir	• incendiarse	• chocar	• quemarse
• patinar	• asfixiarse	• caerse	• volcar	

a. * Agente, ¿por qué ese camión .... por el barranco?
   - Parece ser que .... por culpa del hielo y ha salido despedido fuera de la calzada. Luego ha dado varias vueltas de campana y por eso ....

b. * ¿...................... alguna vez contra otro coche?
   - No, aunque en una ocasión me .... a mí uno y me .... en toda la cara y en un brazo.

c. * ¿Sabes que .... la discoteca "Penélope"?
   - Ni idea. ¿Qué ha pasado?
   * Pues nada, que ha habido un cortocircuito, la moqueta .... y muchas víctimas .... por el humo.

3. **Completa el cuadro.**

INFINITIVO	ADJETIVO
atropellar	
distraer	
temer	
arrollar	
herir	
dañar	
mutilar	
amputar	
sepultar	
accidentar	
damnificar	
sobrevivir	
afectar	

Remedios caseros. Escribe lo que haces si...

te intoxicas comiendo marisco..

....

te haces una pequeña quemadura. ....

....

estás friendo y sale fuego de la sartén. ....

....

hay demasiado humo en tu casa. ....

....

te caes de una bicicleta y te haces pequeñas heridas.........................

....

D. MEDICINAS Y SERVICIOS MÉDICOS

MEDICAMENTOS

- Los antibióticos
- El antitérmico
- Las aspirinas
- El bálsamo
- La cápsula
- El comprimido
- La cortisona
- Las gotas
- El inhalador
- La inyección
- El jarabe
- El masaje
- La pastilla
- La penicilina
- El pinchazo
- La píldora
- Los polvos de talco
- La pomada
- El supositorio
- La tableta
- Las vitaminas

SERVICIOS MÉDICOS

- La ambulancia
- El ambulatorio
- El centro de salud
- La cita médica
- La clínica
- La consulta del médico
- La consulta privada
- El hospital
- La maternidad
- El médico de cabecera
- El médico especialista
- El practicante
- El quirófano
- El servicio de urgencias
- La tarjeta de la Seguridad Social
- La UVI móvil
- El volante

INSTRUMENTOS MÉDICOS

- El bisturí
- La báscula
- La camilla
- El estetoscopio

- Los guantes
- La máscara
- El termómetro

EL BOTIQUÍN

- El agua oxigenada
- El algodón
- El alcohol
- El esparadrapo

- La gasa
- La mercromina
- Las tiritas
- La venda

OTROS

- La botica
- La farmacia
- El farmacéutico
- La historia clínica

- La parafarmacia
- El prospecto
- La receta
- La sala de espera

1. **Ordena las siguientes frases.**

Ej.: ayunar/debes/de/hacerte/antes/análisis/el

Debes ayunar antes de hacerte el análisis.

a. para/la/de/una/de/menta/infusión/inhala/nariz/congestión

....

b. boca/ese/por/la/ingiere/medicamento

....

c. ha/recetado/antibiótico/ese/el/médico/le/dosis/dos/de/diarias

....

d. enfermo/practicante/al/pone/una/el/inyección

....

e. mercromina/y/oxigenada/agua/con/herida/la/desinfecta/enfermera /la

....

....

f. ha/en/maternal/mujer/esa/embarazada/ingresado/una/clínica.

....

2. **Completa los adjetivos y expresiones con las vocales que faltan.**

1. d_e_l_i_c_a_d_o_ = **delicado**
2. _j_r_s_ = ...
3. m_l_ c_r_ = ...
4. c_ng_st__n_d_ = ...
5. gr_v_ = ...
6. p_l_d_ = ...
7. t_x_c_ = ...
8. c_nt_g_ _s_ = ...

9. d_m_cr_d_ = ...
10. b__n_ = ...
11. m_l_ = ...
12. _nf_rm_ = ...
13. _mp_ _ r_d_ = ...
14. d_ h_ _ r r _ = ...
15. n_c_v_ = ...
16. _nf_cc_ _s_ = ...

3. **Imagina que eres la encargada de un colegio infantil y tienes que ir a la farmacia para completar el botiquín de la escuela. ¿Qué vas a comprar? Escríbelo.**

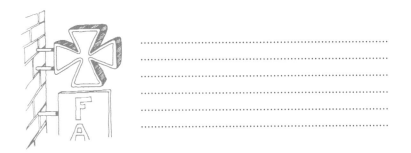

....

....

....

....

....

....

4. Lee la tarjeta que te ha dado el profesor y haz mimo delante de tus compañeros para que adivinen lo que está escrito en ella.

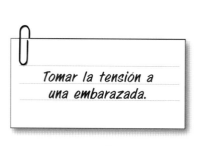

Tomar la tensión a una embarazada.

Contagiar un catarro a un enfermo.

Ser un dentista que está recetando un medicamento.

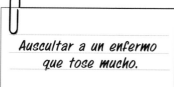

Auscultar a un enfermo que tose mucho.

Dosificar unas gotas para los ojos.

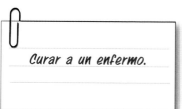

Curar a un enfermo.

8. COMPRAS

A. TIENDAS Y GRANDES ALMACENES

LAS TIENDAS	LOS ARTÍCULOS
• La alpargatería	• unas cerillas, un mechero, tabaco...
• La bodega	• ternera, cerdo, cordero...
• La carnicería	• unas alpargatas, unas zapatillas...
• La casquería	• un grifo, un bote sifónico, una escobilla...
• La charcutería	• chorizo, salchichón, lomo...
• La droguería	• unas sales, unos productos homeopáticos...
• El estanco	• un libro, una guía, una enciclopedia...
• La farmacia	• un sacapuntas, unos clips, una libreta...
• La ferretería	• marisco, gallo, merluza...
• La floristería	• mantequilla, yogur, queso fresco...
• La fontanería	• gominolas, chicles, caramelos...
• La frutería	• una caja, un pisapapeles, una figura...
• Los grandes almacenes	• una bombilla, un alargador, un ladrón...
• La joyería	• una pipa, una boquilla, una pitillera...
• La lechería	• unas botas, un bolso, unas zapatillas...
• La lencería	• hígado, mollejas, riñones...
• La librería	• algodón mágico, una bayeta, un estropajo...
• La marroquinería	• una lija, una espátula, un destornillador...
• El mercado	• vino, cava, licores...
• La mercería	• unas gafas, una funda, una lupa...
• La óptica	• unas medias, un sujetador, una braga...
• La parafarmacia	• un tres cuartos, un chaquetón, un abrigo...
• La pescadería	• un suizo, una tarta, unas pastas...
• La pollería	• una correa, una pila, un despertador...
• La panadería	• un carrete, un portarretratos, un marco...
• La papelería	• avellanas, almendras, nueces...
• La pastelería	• un chaleco, un pañuelo, unas bermudas...
• La peletería	• unas aspirinas, unos preservativos, unas tiritas....
• La perfumería	• un broche, una sortija, una cadena...

LAS TIENDAS	LOS ARTÍCULOS
• El quiosco • La relojería • El supermercado • La tienda de artículos para el fumador • La tienda de electricidad • La tienda de frutos secos • La tienda de bricolaje • La tienda de decoración • La tienda de golosinas • La tienda de fotos • La tienda de muebles • La tienda de regalos • La tienda de ropa • La tienda de ultramarinos • La zapatería	• unas rosas, unos claveles, un helecho... • un botón, un ovillo, un dedal... • una colonia, un perfilador, un tónico... • un tresillo, una butaca, un visillo... • una taladradora, unos tacos, un martillo... • unas judías verdes, unos fresones, unos cogollos... • unos biscotes, una pistola, unos bollos... • una chaqueta de cuero, un bolso de piel... • una revista, tabaco, un tebeo... • unos muslos, unas alitas, unas pechugas...

1. Relaciona las tiendas de la columna izquierda con los artículos de la columna derecha.

Ej.: *La carnicería: ternera, cerdo, cordero...*

2. ¿Qué otros artículos puedes comprar en estas tiendas? En un minuto cada estudiante hace una lista. Se puede usar el diccionario.

Ej.: *CHARCUTERÍA: chorizo, salchichón, jamón serrano, queso, etc.*

3. Con mímica, el estudiante A representa una escena de un cliente comprando un artículo en una tienda. El estudiante B intenta adivinar de qué tienda se trata y qué está comprando.

B. PRECIOS, MONEDAS, MEDIDAS

PRECIOS

- Alto
- Bajo
- Caro
- Barato
- Abusivo
- Desproporcionado
- Desorbitado
- Razonable
- Económico
- Suelto
- El coste
- El importe
- El precio de fábrica
- El precio venta al público (PVP)
- El IVA
- El cambio
- La vuelta

MONEDA

- La divisa
- El euro
- La peseta*
- Un duro**
- Un billete de...
  - ...5 euros
  - ...10 euros
  - ...20 euros
- ...50 euros
- ...100 euros
- ...200 euros
- ...500 euros
- En efectivo
- Al contado
- Con tarjeta
- Con cheque

*Moneda anterior al euro. 6 euros ≃ 1000 pesetas.
**Coloquialmente, 5 pesetas.

LAS MEDIDAS

Peso
- Una tonelada
- Un kilo (medio kilo / un cuarto de kilo)
- Un gramo

Longitud
- Un dedo
- Un kilómetro
- Un metro
- Un centímetro
- X metro(s) / centímetro(s) de alto por X de largo por X de fondo.

Potencia eléctrica
- Un vatio

Capacidad
- Un litro (medio litro / cuarto de litro)
- Un centilitro
- Un mililitro

Cantidad
- Un puñado
- Una loncha
- Una rodaja
- Un filete
- Un trozo / una porción
- Una unidad
- Una docena (media docena)

Tamaño
- El número
- La talla

1. Completa el diálogo.

(En una tienda de regalos)
CLIENTE: Oiga, por favor, ¿cuánto cuesta este florero?
DEPENDIENTE: 100 euros.
C: Uy... Me parece totalmente .... ¡Sólo es un florero! ¿Y este otro?
D: Ése es más .... Cuesta 25 euros.
C: Eso ya me parece más .... De acuerdo. Me lo llevo.
D: ¿Va a pagar .... o en efectivo?
C: .... mejor. Le doy 200 euros.
D: ¿No tiene ....? Es que ando mal de ....
C: Pues no. Lo siento.
D: Bueno. Aquí tiene .... y su recibo.
C: ¡Ah, un momento! Creo que .... que me ha dado está mal.
D: ¿Sí?
C: Sí. Me ha devuelto un .... de 100 euros, otro de 50 euros y otro de 10 euros.
D: Ah, pues muchas gracias. No me había dado cuenta.
C: Estos 5 euros son suyos. Bueno, hasta luego.
D: Adiós y gracias.

2. Completa con las medidas oportunas.

a. - ¿Qué tal son esas mandarinas?
   * Muy buenas.
   - Bueno, pues ponme medio ....
b. - Me gustaría cortarme el pelo
   * ¿Y cuánto te corto?
   - Pues tres ...., no más.
c. - ¿Me da una bombilla de cien ....?
d. - ¿Cuánto de jamón york?
   * Pues con cinco .... es suficiente. ¡Que sean finas!
e. - Quería probarme esos zapatos.
   * ¿ Qué .... tiene?

f. - Dame una de leche semidesnatada.
    * ¿De .... o de .... y medio?
g. - ¿Cuánto mide el cuadro?
    * Pues dos .... de .... por uno y medio de
      ....
h. - ¿Cuántos huevos? ¿Una ....?
    * ¡ No, no, que es mucho! Póngame ....
i. - Por favor, dame aceite.
    * ¿Cuanto quieres?
    - Pues, dos botellas de un litro cada una.

3. Haz una lista de las cosas que has comprado últimamente y escribe
también sus precios.

Ejemplos:

• *Un cuarto de kilo de kiwis por noventa céntimos.*
• *Un cable de dos metros por cinco euros.*
• *Una caja de diez disquetes por seis euros con veinticinco céntimos.*

C. LA TIENDA DE ROPA

Observa las listas A y B. El alfabeto te ayudará a describir las
diferentes prendas de ropa.

A. LA ROPA (a b d o)

• El abrigo *(a ñ)*
• Las bermudas *(a b d k f)*
• El bikini *(b)*
• La blusa *(a b e i n)*
• Los bombachos *(b d f)*
• La camisa *(a b e f)*
• La camiseta *(b e i j n ñ)*
• La cazadora *(b e p)*
• El cuerpo *(b d e i j n ñ f)*

• El chaleco *(a b d i ñ f)*
• La chaqueta *(a b d e h i ñ f)*
• El chaquetón *(a b ñ f)*
• La falda *(a b d k l m f)*
• La gabardina *(b ñ f)*
• El jersey *(b d e h i ñ)*
• La minifalda *(a b d)*
• Los pantalones *(a b c d k f)*
• El poncho *(b d)*

• La rebeca *(b d e h i ñ f)*
• Los shorts *(b f)*
• El tanga *(b)*
• El top *(a b j n f)*
• El traje *(b)*
• El traje de baño *(b)*
• La trenca *(b f)*
• El vestido *(a b d e h i j m
  n ñ f)*

B. DESCRIPCIÓN DE LA ROPA

a. De vestir, de sport, de entretiempo, de temporada.
b. A rayas, a cuadros, de lunares, lisa.
c. Pesqueros, de pitillo, pirata, de campana, de pata de elefante, de peto, vaqueros.
d. De punto.
e. De manga larga / corta, de media manga, de manga ranglan, sin mangas.
f. Con botones, con cremallera, con corchetes.
g. Sin cuello.
h. De cuello alto /vuelto.
i. De cuello a la caja, de cuello barco, de pico.
j. De tirantes.
k. De pinzas.
l. De tablas, pantalón.
m. De vuelo, de capa, de tubo.
n. Con mucho escote, con la espalda al aire.
ñ. Con capucha.

LOS COMPLEMENTOS

- El bolso
- Las botas
- La bufanda
- Los calcetines
- La cesta
- La corbata
- El chal
- El pañuelo
- El pareo
- Las sandalias
- Las zapatillas
- Los zapatos

LOS MATERIALES

- Algodón
- Angora
- Ante
- Antelina
- Cuero
- Cheviot
- Franela
- Gasa
- Lana
- Licra
- Lino
- Nylon
- Pana
- Paño
- Piel
- Poliester
- Raso
- Seda
- Terciopelo
- Tergal
- Tul
- Viscosa

MOBILIARIO Y MÁS COSAS

- La alarma antirrobo
- La bolsa
- El burro
- La caja
- El escaparate
- La estantería
- La factura
- El foco
- El maniquí
- El mostrador
- La percha
- El probador
- El recibo
- La señal
- El vale

1. ¿Qué ropa te pondrías para...

a. ... ir al fútbol?
b. ... ir al campo?
c. ... hacer una barbacoa?
d. ... ir al teatro?
e. ... estar en casa?

f. ... pintar la casa?
g. ... ir a una cita a ciegas?
h. ... ir a la playa?
i. ... conocer a tus futuros suegros?
j. ... ir a una entrevista de trabajo?

(Indica también los materiales y los complementos que llevarías con tu vestuario en cada situación).

Ej.: *Para ir a la compra me pondría los pantalones vaqueros. También me pondría una camiseta de sport que tengo, de algodón, de manga larga, de cuello a la caja, a rayas rojas y blancas. Y si hiciera frío, me pondría además un jersey rojo de pico y de lana.*

2. ¿Para qué sirven estos verbos?

1. vestirse
2. quedar, sentar, estar
3. llevar, ir con
4. ir
5. ponerse

a. Para opinar sobre el efecto del color o del estilo de la ropa en una persona.
b. Para decir una a una las prendas de ropa que cubren a una persona y/o describirla.
c. Para describir el estilo de la ropa, sin mencionarla, de una persona.
d. Para opinar sobre la talla.
e. Para indicar la acción de cubrirse de ropa, mencionándola.

3. Completa.

a. - ¿Cuál de los dos jerseys te vas a probar: el rojo de .... larga con capucha o el verde que está encima de ese ....?
   * Yo creo que el verde porque el color rojo a mí no me .... nada.

b. - Ese cuerpo no te .... bien, porque has engordado un poco. ¿Qué tal si te pruebas esa .... de mangas ....?
   * ¿La que hemos visto antes de entrar en ....?

c. - ¿Has visto qué guapo es ese chico?
   * ¿Cuál?
   - El que .... una .... de piel y una .... a .... amarillos y marrones.

d. - ¿Qué puedo .... hoy?
   * No sé. ¿Qué tal ese .... de .... y pantalón?
   - Es que sólo voy a tomar unas cañas aquí al lado y ese .... es de .... Prefiero algo de sport.

e. - María .... muy bien.
   * Sí. Es muy elegante. El otro día se compró una .... de tubo ideal.

9. COMIDAS Y BEBIDAS

A. EL SUPERMERCADO

LA FRUTERÍA

Frutas
- La cereza
- La ciruela
- El limón
- La mandarina
- La manzana
- El melocotón
- El melón
- La naranja
- La pera
- La piña
- El plátano
- La sandía
- La uva

Hortalizas y verduras
- La acelga
- La berza
- La coliflor
- La espinaca
- El guisante
- La judía verde
- La lechuga
- La lombarda
- El puerro

Hortalizas y tubérculos
- El ajo
- La cebolla
- Los espárragos
- La patata
- El pepino
- El pimiento
- El tomate
- La zanahoria

Los frutos secos
- La almendra
- La avellana
- Los cacahuetes
- La nuez

Las especias
- El clavo
- El comino
- El laurel
- La nuez moscada
- El orégano
- El perejil

LA CARNICERÍA

Las carnes de:
- Buey
- Cerdo
- Conejo
- Cabrito

- Ternera
- Vaca
- Cordero

Las carnes de ave
- La codorniz
- El pato
- La perdiz
- El pavo
- El pollo

LA PESCADERÍA Y MARISQUERÍA

Los pescados
- El atún
- El bacalao
- El besugo
- El boquerón
- El calamar
- El cangrejo
- El congrio

- El lenguado
- La lubina
- La merluza
- El rape
- El salmón
- La sardina
- La trucha

Los mariscos
- La almeja
- La cigala
- La gamba
- La langosta
- El langostino
- El mejillón
- La nécora

LA CHARCUTERÍA

Los embutidos
- El chorizo
- El jamón (de york y serrano)
- La morcilla
- La mortadela
- La salchicha
- El salchichón
- El salami

LA PANADERÍA Y PASTELERÍA

El pan
- La baguette
- La barra normal
- El bollo
- La chapata o pan romano
- La hogaza de pan de pueblo

La bollería y la pastelería
- Los bombones
- El cruasán
- La ensaimada
- El suizo
- La tarta de manzana/trufa /nata /almendras /queso /limón
- La trenza

LA SECCIÓN DE LÁCTEOS

- El batido
- La leche
- La mantequilla
- La margarina
- El queso
- El yogur

LA SECCIÓN DE PASTAS, LEGUMBRES Y CEREALES

Las pastas
- Los canelones
- Los espaguetis
- Los fideos
- Los macarrones

Las legumbres
- Las alubias blancas
- Las alubias pintas
- Los garbanzos
- Las lentejas

Los cereales
- El arroz
- El maíz
- El trigo (la harina)

LA SECCIÓN DE BEBIDAS Y LICORERÍA

Las bebidas
- El agua mineral
- La gaseosa
- El mosto
- El refresco
- El zumo

Los licores
- El cava
- El coñac
- La ginebra
- El güisqui
- El licor de manzana
- El moscatel
- El ron
- El vino

LOS CONGELADOS

Los congelados
* Carne
* Pescado
* Marisco
* Vegetales.

Los helados
* La tarrina
* De corte
* De cucurucho
* El polo

1. Completa con las palabras del cuadro.

> * stand
> * tienda de comestibles
> * supermercado
> * mercado
> * puesto

1. La florista tiene un .... de flores a la entrada del mercado.

2. Su empresa está representada en un .... de la feria internacional de productos lácteos de Europa.

3. A diario los productos más frescos los puedes encontrar en el .... que está cerca de tu casa.

4. Voy a bajar un momento a la .... a comprar café.

5. Prefiero hacer mis compras en un .... porque así puedo elegir directamente lo que necesito sin la intervención de ningún empleado, no como en los ultramarinos.

2. Busca en el diccionario el significado de las siguientes palabras. ¿Hay alguna diferencia?

grandes superficies ➡ ....

centro comercial ➡ ....

hipermercado ➡ ....

3. Tienes invitados a comer y vas a preparar una paella. Infórmate de la preparación y haz una lista con los ingredientes que necesitas y otra con las secciones del supermercado a las que tienes que ir.

Ingredientes:

Secciones:

B. EL RESTAURANTE

EN LA COCINA

- El almacén
- El ayudante de cocina
- La cámara
- El cocinero
- El delantal
- La despensa

- El gorro
- El jefe de almacén
- El pinche
- El repostero
- El restaurador
- El segundo ayudante de cocina

EN EL SALÓN COMEDOR

- El aparador
- La bandeja
- El bufé
- El camarero
- La carta
- La comanda
- La cofia
- Los cubiertos
- La cuenta
- Los entrantes
- Los entremeses

- La factura
- El florero
- La jarra
- El mantel
- El maître
- El menú
- La mesa
- La pajarita
- La panera
- El primer plato
- El segundo plato

- El palillo
- El picoteo
- El postre
- La ración
- La reserva
- El salero
- El salvamanteles
- El servicio
- La servilleta
- Las vinagreras
- La zona de (no) fumadores

1. **Relaciona los verbos del recuadro con su significado.**

• Descongelar	• Refrescar	• Aliñar	• Freír
• Añadir	• Cocer	• Salpimentar	• Gratinar
• Rehogar	• Hervir	• Dejar en remojo	• Pelar
• Enfriar	• Rellenar	• Rebozar	• Marinar

.... : tener la comida mojada en agua.

.... : agregar, echar.

.... : echar a la comida los condimentos necesarios para que resulte sabrosa. Sazonar.

.... : mantener una comida en un líquido caliente para cocinarlo.

.... : interrumpir la congelación de algo.

.... : reducir la temperatura de un alimento.

.... : sazonar el pescado para conservarlo.

.... : guisar un alimento en aceite o manteca muy caliente.

.... : dorar la comida al horno.

.... : moverse agitadamente un líquido al calentarse a cien grados centígrados.

.... : quitar la piel de un alimento.

.... : sazonar un alimento a fuego lento, sin agua, tapado, en aceite.

.... : hacer que un alimento esté más fresco.

.... : llenar un alimento por dentro.

.... : cubrir algo en harina, huevo batido, pan rallado...

.... : condimentar con sal y pimienta.

2. **Recuerda cinco restaurantes en los que has comido. Completa el cuadro.**

TIPO	AMBIENTE	N.º TENEDORES	TIPO COCINA	VALORACIÓN	PRECIO
•	•	•	•	•	•
•	•	•	•	•	•
•	•	•	•	•	•
•	•	•	•	•	•
•	•	•	•	•	•

TIPO: mexicano, indio, japonés, italiano, vasco, comida rápida...

AMBIENTE: taberna tradicional, lujo, exótico, funcional...

TENEDORES: número.

TIPO DE COCINA: creativa, casera, nueva cocina, tradicional...

VALORACIÓN: comida sabrosa y exquisita, normal, mala o anodina.

PRECIO: caro, razonable, barato.

3. **Algunos de estos platos son típicos en algunas regiones de España. ¿Puedes relacionarlos?**

1. El gazpacho	a. Cataluña
2. El pulpo	b. Andalucía
3. La fideuá	c. Levante
4. El pan tumaca	d. Galicia
5. Las fabes	e. Asturias
6. El marmitako	f. Madrid
7. Los callos	g. La Mancha
8. El pisto	h. El País Vasco

Sois un grupo de amigos que estáis en una tasca típica del barrio antiguo de una ciudad española. Después de leer la carta, escribid lo que vais a pedir.

Para picar entre todos

....

....

....

De segundo plato, para cada uno

....

....

....

De postre

....

....

....

Para beber

....

....

....

"El fogón de Ricardo"

Ensaladas
Ensalada de la casa
Ensalada de aguacate
Ensalada de pasta

Caldos
Sopa especialidad de la casa
Caldo de codorniz
Puré de puerros frescos

Tapas y Raciones
Calamares de la casa.
Patatas Ricardo
Tapa de salmón
Tapa de atún
Tapa de rosbif
Ración de jamón de pato
Ración de jamón ibérico

Postre
Tarta de limón
Mousse de chocolate

Bebidas
Agua mineral
Cerveza
Vino tinto de Rioja
Vino rosado Ribera del Duero
Sangría

C. EL BAR DE COPAS

EL BAR

El establecimiento

- El almacén
- La bandeja
- La barra
- La cafetera
- La cámara frigorífica
- El camarero
- La carta
- El cenicero
- El cliente
- El colgador
- El fregadero
- La fuente

- El jabón líquido del servicio
- La jarra
- El lavaplatos
- La máquina de tabaco
- La máquina tragaperras
- El microondas
- El papel de aluminio
- La papelera
- La propina
- El revistero

- El reservado
- El secador de manos
- Los servicios de señora y caballero
- El servilletero
- La servilleta
- El taburete
- La tapa
- La taza
- El uniforme

Tipos de establecimiento

- El bar (de copas)
- La bodega
- El café

- La coctelería
- La taberna
- La tasca

La discoteca

- El aparcacoches
- La cabina de discos
- El guardarropa
- Las luces

- El portero
- El pinchadiscos
- La pista de baile

LAS CONSUMICIONES

Desayuno

- El bollo
- El café cortado
- El café con leche
- El café solo
- El café corto o largo (de café)
- El cruasán (a la plancha)

- Los churros
- Las pastas
- Las porras
- El té (con limón o leche)
- La tostada (con mantequilla y mermelada)

Aperitivos

- La banderilla (de pepino, cebolleta y huevo)
- El bocadillo
- El montado (de lomo...)

- El pincho (de tortilla)
- La ración (de calamares...)
- La tapa (de jamón y tomate...)

Copas y Bebidas

- El botellín de cerveza
- La caña
- El cóctel (una margarita...)
- La copa (de güisqui, coñac, anís...)
- El cubata

- El refresco (de cola/limón/ naranja...)
- La tónica
- El vermú
- El vino (blanco/rosado/tinto...)

1. **Lee y coloca * al lado de los aspectos que te parecen positivos del bar.**

   Ej.: *Echar una partida de cartas.*

   Tener que esperar bastante tiempo para pedir la consumición.
   Tener que consumir obligatoriamente algo de beber y/o algo de comer.
   Picar tapas, raciones y pinchos y, así, comer a bajo precio.
   Tener que dejar algo de propina.
   Poder emborracharte.
   Poder llenar el estómago rápidamente.
   Comprobar la suciedad del suelo del bar.
   Comer a deshoras y en consecuencia engordar.
   Encontrar a amigos.
   Soportar malos olores de la cocina, del humo del tabaco...
   Poder evadirte de la vida rutinaria.

2. **LA SOPA DE LETRAS**

   Empujar la puerta para entrar en el bar y tirar de ella para salir son dos acciones habituales que realizamos al ir a un bar pero además de estas dos utilizamos otras, busca las siguientes: charlar, guardar, beber, comer, picar, cobrar, pagar, tragar, llenarse.

Z	P	L	L	E	N	A	R	S	E
R	I	C	O	M	E	R	X	W	Y
A	C	Q	R	P	A	G	A	R	O
L	A	M	G	U	A	R	D	A	R
R	R	G	F	J	E	D	C	B	A
A	T	I	R	A	R	K	L	O	P
H	H	I	J	R	A	G	A	R	T
C	B	E	B	E	R	Q	R	S	T
X	Y	R	A	R	B	O	C	W	U

3a. Lee la información que en la "Guía del ocio" aparece sobre diferentes lugares de moda en los que tomar una copa. ¿A cuál irías con tu pareja?

Café del Foro
San Andrés, 38. Viernes y sábados hasta las 04.00 horas. Es un clásico de la noche madrileña con actuaciones en directo. La decoración reproduce un pequeño pueblo a escala con botica y una plaza (o foro) que es el escenario.

Casa Patas
Cañizares, 10 Actuaciones a las 24.00 horas. Cerrado domingos. Gran variedad de actuaciones de flamenco. Es además restaurante y constituye uno de los principales lugares de encuentro de los flamencos de la ciudad.

La Taberna Encantada
Salitre,2. De19.00 a 3.00 horas. Cerrado los lunes. Es un lugar acogedor de la bohemia, las tribus y los movimientos alternativos. La entrada es libre. Actuaciones musicales y audiciones de poesía. La música es variada y predominan el pop y los cantautores.

Clamores
Alburquerque,14. Viernes y sábados hasta las 04.00 horas. Templo del jazz madrileño que programa conciertos de gran nivel todas las semanas.

Discoteca Pachá
Barceló,11. De miércoles a sá de 00.30 horas a 05.00 ho Es un referente importante de l marcha nocturna de Madrid. Estupenda música *dance*. Loc moda para *drag queens*, ejec estudiantes, extranjeros miemb la jet y aspirantes a bodas de toreros.

Vaivén
Travesía de San Mateo,1 Vie sábados hasta las 04.00 ho Local de salsa para los que ido al Caribe de vacaciones

3b. Ahora con la ayuda de los adjetivos y expresiones de la siguiente lista describe el último local de moda al que has ido. Luego cuéntale a tu compañero qué tal te lo pasaste.

- lleno o vacío
- ambiente cargado o ventilado
- perfumado o no
- de moda o pasado
- sucio o limpio
- marchoso o aburrido

10. LA CIUDAD

A. MOBILIARIO URBANO Y SEÑALES

- La acera
- La alcantarilla
- El árbol
- El banco
- La boca de riego
- El bordillo
- El buzón
- La calzada
- El carril bus
- El cartel (calles, plazas, avdas., hospitales, aeropuertos, estaciones, tanatorios, cementerio, etc.)
- El contenedor
- La estatua
- El expositor
- La farola
- La fuente
- La marquesina
- La mediana
- El monumento
- El panel informativo
- La papelera
- La parada de autobús
- El paso de cebra
- El paso de peatones
- La pintada
- El poste de electricidad
- El poste de teléfonos
- El puesto de la ONCE
- El quiosco
- El recinto de perros
- El recuperador (de vidrio verde/ blanco, de papel y cartón, de envases de plástico, de pilas, de pilas de botón)
- El reloj
- El rótulo
- El semáforo (rojo, verde, ámbar)
- La señal (de stop, ceda el paso, prohibido girar, calle cortada, no sobrepasar... km/h., prohibido aparcar, aparcar en línea/en batería, etc.)
- El teléfono
- La valla (publicitaria)

1. Lee las definiciones y escribe entre paréntesis a qué palabra del cuadro anterior corresponde.

- Es la parte de la calle destinada al tránsito de los peatones. (...............)
- Es un mueble para sentarse. (...............)
- Es el extremo de la acera. (...............)
- Es un mueble que sirve para echar cartas y postales. (...............)

- Es la parte de la calle destinada a la circulación de vehículos. (...............)
- Es la parte de la calzada destinada a la circulación de autobuses y taxis. (...............)
- Es un depósito de escombros de obras de edificios y viviendas. (...............)
- Es un mueble destinado a iluminar las calles. (...............)
- Es un surtidor de agua decorativo. (...............)
- Es un objeto que protege y/o decora la parte superior de la entrada de muchos establecimientos públicos. (...............)
- Es un mueble destinado a tirar basura. (...............)
- Es una serie de rayas blancas pintadas en la calzada que señaliza la preferencia que tienen los peatones para cruzar en los tramos de calle donde no hay semáforos. (...............)
- Es una serie de rayas blancas pintadas en la calzada que señaliza el lugar por donde los peatones deben cruzar en los tramos de calle donde hay semáforos. (...............)
- Es un lugar donde se venden revistas, periódicos, tabaco, etc. (...............)
- Es un lugar cercado y destinado a la suelta de perros. (.........)
- Es un depósito de ciertos materiales y objetos que posteriormente son reciclados. (...............)
- Es un mueble que delimita provisionalmente zonas de obras y la prohibición del paso. (...............)

2. **Completa con el vocabulario del cuadro la siguiente historia.**

recinto	valla	paso de cebra	marquesina
banco	acera	semáforo	me caí
echar	corría	vidrio	me senté
recuperador	teléfono público	panel informativo	bordillo
crucé	carril bus	fuente	me di
reloj	tropecé	calzada	me levanté
tiré	árbol	parada	

El otro día iba por la calle cuando vi en un .... que había una exposición de Jóvenes Pintores en una galería cerca de allí. Así que decidí acercarme, pero antes tenía que .... las botellas en el .... de .... la calle con el .... en rojo y desde un coche "se acordaron de mi madre". Del susto se me cayeron las botellas. Respiré hondo, recogí los pedazos y los .... a una papelera.

Reanudé mi camino hacia la exposición, pero me topé con una .... que había por las obras del gas en la .... Así que tuve que desviar mi ruta y caminar por la .... Seguí andando y cuál fue mi sorpresa cuando vi, de lejos, en la .... del autobús 37 a Nuria. Le hice señas con el brazo pero no me veía. Entonces seguí en su dirección. De repente, un bocinazo tremendo me alertó de que me encontraba en el .... Rápidamente reaccioné, con tan mala suerte que .... con el .... de la acera. .... con el tronco de un .... seco en toda la cabeza y .... al suelo. El 37 se iba y Nuria, dentro. Una señora muy amable me atendió, poniéndome su pañuelo mojado en agua de una .... próxima. Todo me daba vueltas: Había un chico llamando desde un .... pero yo veía tres; un perro .... en el .... y yo imaginaba una carrera de cuatro. La señora me acompañó a un .... cercano y .... ¡No podía tenerme en pie! Le pregunté la hora y ella miró hacia el frente, donde había un .... "Las dos", dijo. Le di las gracias por su ayuda y .... despacio. Me encontraba mejor. Al otro lado de la calle resplandecía, sobre la puerta de entrada, la .... de la casi inalcanzable galería. Me dispuse a cruzar, eso sí, por el .... Ya había tenido suficientes incidentes. Cuando llegué, leí "Horario 10,30-14,00". ¿Dónde iba yo hoy?

3. **Imagínate que estás en la puerta de tu casa. Dibuja un plano de lo que ves de tu calle, sin mobiliario urbano ni señales. Dale el plano a un compañero y dile qué hay, dónde está y defínelo. Tu compañero tiene que escribir y/o dibujar el mobiliario urbano y las señales siguiendo tus indicaciones.**

B. EL BANCO

ACCESORIOS Y PERSONAL

- La atención personalizada
- El avalista
- El bancario
- El banquero
- El cajero automático
- El cliente

- El empleado
- El impreso
- La oficina central
- El portero electrónico
- La sucursal bancaria
- La ventanilla

OPERACIONES

El dinero
- El billete
- El cheque (nominativo/ al portador)
- El cheque de viaje

- La moneda
- El talón (barrado)
- El talonario
- La tarjeta de crédito

Operaciones y actividades bancarias

- Las acciones
- El aval
- El beneficio
- Los bienes
- La bolsa
- La cancelación
- La cartilla de ahorros
- El cobro
- La comisión
- El crédito

- La cuenta corriente
- El depósito
- El extracto de cuenta
- La firma
- La fianza
- Los fondos de inversión
- El giro
- La hipoteca
- El interés

- El ingreso
- Los movimientos bancarios
- El pago
- El patrimonio
- El préstamo
- El recibo
- El reintegro
- El saldo
- La transferencia

1. Busca el intruso entre los siguientes verbos.

• sacar	• prestar	• ahorrar
• ingresar	• consultar	• extender
• invertir	• saltar	• abrir
• pedir prestado	• cambiar	• solicitar

2. Busca entre las palabras del recuadro las que puedas emparejar.

- La inversión
- El cheque
- El bancario
- La cartilla de ahorros
- El giro
- El crédito
- El saldo
- El recibo
- Las acciones

Ej.: El talón - *el cheque*

El empleado - ....

La cuenta corriente - ....

La transferencia - ....

El extracto bancario - ....

El préstamo hipotecario - ....

La bolsa - ....

Los fondos mixtos - ....

El impreso - ....

3. ¿Verdadero o falso?

1. Cuando llegas a un banco te diriges a la taquilla.
2. Hablas con un banquero para abrir una cuenta corriente.
3. Cuando ingresas un cheque al portador debes firmarlo al dorso y escribir tu DNI.
4. Para contratar un préstamo hipotecario, si no se tienen ingresos fijos ni dinero ahorrado se necesita un aval de un familiar.
5. Sólo se puede sacar dinero desde el cajero automático.
6. El cliente no puede consultar el extracto de su cuenta corriente.
7. Cuando dos bancos se fusionan sus acciones en bolsa suben.

4. Escribe todo lo que tienes que hacer para...

Solicitar un crédito de estudios universitarios ➡ ....
....

Abrir una cuenta corriente ➡ ....
....

Sacar dinero del cajero automático ➡ ....
....

Solicitar unos cheques de viaje ➡ ....
....

C. POLICÍA, CORREOS Y TELÉFONOS

A. LA COMISARÍA

- El calabozo
- La cárcel
- El coche celular
- La declaración
- La denuncia
- Las esposas
- La fianza
- La placa
- La sirena

B. LA COMISARÍA: PERSONAS

- El abogado de oficio
- El abogado defensor
- El acosador sexual
- El agente
- El asesino
- El atracador
- El cadáver
- El carterista
- El condenado
- El criminal
- El delincuente
- El denunciado
- El denunciante
- El detenido
- El estafador
- El herido
- El homicida
- El ladrón
- El pederasta
- El policía
- El raptor
- El secuestrador
- El sisador
- El suicida
- El terrorista
- El timador
- El vándalo
- La víctima
- El violador

C. LA COMISARÍA: ARMAS

- El arma blanca
- El arma de fuego
- El bate
- La bomba
- El coche bomba
- El cuchillo
- La granada
- La llave inglesa
- La metralleta
- La navaja
- La pistola
- El revólver
- La soga

CORREOS

- La carta *
- El cartero
- El destinatario
- El empleado de Correos
- El envío
- El franqueo
- El giro
- El impreso
- El matasellos
- El paquete *
- La postal
- El remitente
- El resguardo
- El sello
- El sobre
- El telegrama
- La ventanilla

* certificado/a (con acuse de recibo)

TELÉFONOS

- El auricular
- La cabina
- El corte de línea
- El empleado
- La factura
- El locutorio
- La llamada (por operadora, a cobro revertido, gratuita)

- El número de teléfono
- El prefijo (internacional, del país)
- La saturación de línea
- El teléfono (de monedas, de tarjeta, de pasos)

1. o **Completa, con ayuda del vocabulario del apartado anterior, la información que falta en este cuadro.**

Ej.:

Abogado	*El condenado*	*Fianza*
	Acoso sexual	
		Asesinar
Atracador		
	Robo de cartera	
		Cometer un crimen
Delincuente		
	Denuncia	
		Estafar
Homicida		
	Robo	
Raptor		
	Secuestro	
		Sisar
Suicida		
	Terrorismo	
		Timar
Vándalo		
	Violación	

2. **Elige cinco delitos y escribe qué acciones se ejecutan normalmente en cada uno de ellos. Para ello te facilitamos una lista de verbos.**

APUNTAR CON / DISPARAR / EMPUÑAR/ AMENAZAR / DAR CON
GOLPEAR / ABOFETEAR / TIRAR / CORTAR / CLAVAR
ASFIXIAR/ AHOGAR / AHORCAR / EXPLOTAR
TIRARSE / TIROTEAR / PINCHAR CON
DAR UNA PALIZA / ASUSTAR / ETC.

3. **Completa las siguientes instrucciones para:**

a. MANDAR UNA CARTA CERTIFICADA

AMA PÉREZ

* Dirígete a una ....
* Compra un .... y un ....
* .... la carta en el sobre y .... el sello.
* Pide un .... para correo certificado.
* Rellénalo con los datos del .... y del ....
* .... la carta en otra ventanilla junto al ....

b. HACER UNA LLAMADA INTERNACIONAL

* Dirígete a un .... y pídele una ....
* Ve a la .... y descuelga el ....
* Marca el .... internacional.
* Marca el .... del país.
* .... el prefijo ....
* .... el ....

11. ECOLOGÍA Y MEDIOAMBIENTE

A. EL TIEMPO Y EL CLIMA

- El abanico
- El abrigo
- El aguacero
- El aire
- El aire acondicionado
- El anorak
- El anticiclón
- La borrasca
- La brisa
- La bufanda
- La calefacción
- El calor
- El cielo
- El chaparrón
- El chaquetón
- El chubasco
- El chubasquero
- De día
- El diluvio
- El frío
- La gabardina
- Las gafas de sol
- Los grados (bajo cero)
- El granizo

- Los guantes
- La helada
- El hielo
- La humedad
- El huracán
- El invierno
- La llovizna
- La lluvia
- La marejada
- La marejadilla
- La meteorología
- La nevada
- La nevisca
- La niebla
- La nieve
- De noche
- Las nubes
- La nubosidad
- El otoño
- El paraguas
- El parte meteorológico
- El plumífero
- La precipitación (de nieve)

- La primavera
- La racha
- El rayo
- El relámpago
- El / Al sol
- La solana
- A la sombra
- La sombrilla
- La temperatura
- La tempestad
- El termómetro
- El tifón
- El toldo
- La tormenta (de nieve)
- El tornado
- El trueno
- El ventilador
- La ventisca
- El verano
- El viento
- La visera

1. Busca en la lista los 17 objetos que nos protegen de las inclemencias del tiempo y escribe de qué nos protege cada uno.

Ej.: 1. *El abanico nos protege del calor.*

2. Ahora busca las palabras y expresiones relacionadas con AGUA, AIRE, SOL, TEMPERATURA, HIELO, MAR, ELECTRICIDAD, ESTACIONES DEL AÑO, y clasifícalas en diferentes listas.

AGUA	AIRE	SOL	TEMPERATURA
•	•	•	•
•	•	•	•
•	•	•	•
•	•	•	•
•	•	•	•
•	•	•	•

HIELO	MAR	ELECTRICIDAD	ESTACIONES DEL AÑO
•	•	•	•
•	•	•	•
•	•	•	•
•	•	•	•
•	•	•	•

3. Señala la opción correcta.

• Hoy está nublado. Está el cielo completamente TAPADO-CUBIERTO-DESPEJADO.
• En los próximos días UN ANTICICLÓN- UN CHAPARRÓN-UN TRUENO situado en el centro de la península nos garantizará buen tiempo.
• Se avecina UNA LLUVIA- UNA BORRASCA- UN HIELO desde Gran Bretaña, por lo que les aconsejamos tengan a mano sus paraguas.
• Hace mucho calor. ¿Por qué no pones LA VISERA-EL VENTILADOR-EL ABANICO?
• Un chaparrón es UN AGUACERO-UNA PRECIPITACIÓN-UN DILUVIO.
• EL TIEMPO-EL PARTE METEOROLÓGICO-EL CLIMA de Barcelona es MOJADO-HÚMEDO-HUMEDAD.

- Cuando en la televisión dicen que hay una precipitación de nieve significa que LLUEVE/GRANIZA/NIEVA.
- No hay ni una nube. El cielo está LIBRE-ABIERTO-DESPEJADO.
- ¡Qué frío hace! Aunque A LA SOMBRA-POR EL SOL-AL SOL se está bien.

 Describe el tiempo que hace en tu pueblo o tu ciudad en un típico día primaveral, veraniego, otoñal e invernal.

PRIMAVERAL ....
....
VERANIEGO ....
....
OTOÑAL ....
....
INVERNAL ....
....

B. ACCIDENTES GEOGRÁFICOS

AGUA

Accidentes geográficos

- El acantilado
- La albufera
- El aluvión
- El archipiélago
- El arrecife
- El arroyo
- La bahía
- La cala
- El canal
- La cascada
- La catarata
- La costa abrupta

- La desembocadura en delta
- El embalse
- La ensenada
- Los escollos
- El estrecho
- El estuario
- El géiser
- El golfo
- El iceberg
- La isla
- El islote

- El istmo
- El lago
- La laguna
- El manantial
- Los meandros
- El océano
- El pantano
- La playa
- El río
- El tajo

La playa

- El arbusto
- La arena
- La concha
- El coral
- La estrella de mar

- El mar
- Las matas
- La ola
- La orilla
- La palmera

- El pez
- Las piedras
- La playa
- La roca

La vida en la playa

- Las aletas
- El balón
- El bañador
- La barca (a remos)
- El biquini
- La bolsa
- La colchoneta

- La crema bronceadora
- La esterilla
- El flotador
- Las gafas de bucear
- Las gafas de sol
- La hamaca
- La lancha (motora)

- Las palas
- La pamela
- El patín de agua
- El salvavidas
- La sombrilla
- La tabla de windsurf
- La tumbona

TIERRA

Accidentes geográficos

- El altiplano
- El cabo
- El cañón
- La colina
- La cordillera
- El cráter
- El desfiladero

- El desierto
- La escarpadura
- El glaciar
- La llanura
- La meseta
- El monte
- La península

- El peñón
- La sierra
- La sima
- El valle
- El volcán

Partes de la montaña

- La aguja
- La falda

- La ladera
- El pico (nevado)

El campo

- El árbol
- Los campos de cultivo
- La era
- Las flores

- El helecho
- El hongo
- La huerta
- El musgo

- La pradera
- El sendero

La acampada

- El abrebotellas
- El abrelatas
- El anorak de plumas
- La bombona de gas
- La brújula
- La cantimplora
- Las chirucas
- El chubasquero
- El funicular
- El hornillo de gas
- La linterna
- El mapa
- El martillo
- La mesita plegable
- La mochila
- La navaja
- El saco de dormir
- La tartera
- El teléfono móvil
- El telesquí
- La tienda de campaña

1. Lee la siguiente lista de verbos y escribe qué acciones puedes hacer en la playa y cuáles en el campo o en ambos.

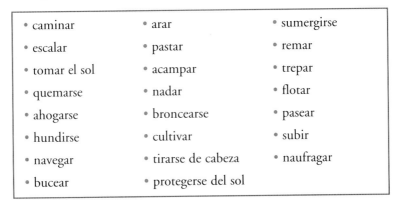

- caminar
- escalar
- tomar el sol
- quemarse
- ahogarse
- hundirse
- navegar
- bucear
- arar
- pastar
- acampar
- nadar
- broncearse
- cultivar
- tirarse de cabeza
- protegerse del sol
- sumergirse
- remar
- trepar
- flotar
- pasear
- subir
- naufragar

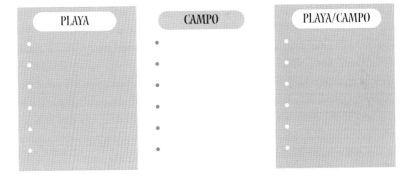

PLAYA

CAMPO

PLAYA/CAMPO

2₀ **Relaciona.**

sereno	dañados	sana	perjudicial
contaminado	tóxicos	seco	ecológica
nocivo	caudaloso	elevada	

1. Los vertidos .... han contaminado esa ría.

2. Cuando el mar está .... me gusta salir a navegar.

3. Debido a la larga sequía, el pantano se ha quedado prácticamente
   ....

4. La .... montaña Everest tienen que limpiarla de la basura
   que dejan los montañeros.

5. Para llevar una vida .... hay que cuidar la alimentación y
   las prisas.

6. Actualmente hay numerosos bosques .... por los
   incendios provocados.

7. La tala de árboles es .... para la conservación de los
   bosques.

8. La Agencia de Medio Ambiente está protegiendo ese río ....
   por los residuos, desperdicios y vertidos de una empresa papelera.

9. El Amazonas es un río muy ....

10. Reciclar y reutilizar el cartón, el papel y el vidrio es una excelente
    medida ....

11. Contaminar con el humo de los coches es .... para la
    salud de los ciudadanos.

3. Piensa en diez objetos que te llevarías a una isla desierta de los Mares del Sur. ¿Sería alguno de esta lista?

- Una brújula
- Una tienda de campaña
- Un hacha
- Un saco
- Una caña de pescar

- Una navaja
- Un abrelatas
- Una mochila
- Unas cerillas

1. ....
2. ....
3. ....
4. ....
5. ....
6. ....
7. ....
8. ....
9. ....
10. ....

C. LA FAUNA

MOLUSCOS, CRUSTÁCEOS Y EQUINODERMOS

Moluscos
- El calamar
- El caracol
- El mejillón
- La ostra
- El pulpo
- La sepia

Crustáceos
- El cangrejo
- La cigala
- La gamba
- La langosta
- El percebe

Equinodermos
- El coral
- El erizo de mar
- La estrella de mar

PECES

- La anguila
- El arenque
- El atún
- El besugo
- La caballa

- El caballito de mar
- La merluza
- La pescadilla
- El pez espada
- El pez martillo

- El pez volador
- La raya
- El rodaballo
- El salmón
- El tiburón

ANFIBIOS Y REPTILES

Anfibios
- La rana
- El sapo

Reptiles
- La boa
- La cobra
- El cocodrilo

- La iguana
- El lagarto
- La tortuga
- La serpiente pitón

MAMÍFEROS

- La ardilla
- La ballena
- El bisonte
- El búfalo
- El camello
- El canguro
- El conejo
- La cebra

- El elefante
- El gorila
- La hiena
- El hipopótamo
- La jirafa
- El león
- La llama
- El mapache

- El mono
- El murciélago
- La nutria
- El okapi
- El oso (hormiguero)
- El rinoceronte
- El tigre

AVES Y PÁJAROS

- El águila (imperial)
- El ave del paraíso
- El avestruz
- El canario
- El cisne
- El colibrí
- El cóndor

- El cuervo
- El faisán
- El flamenco
- El gavilán
- La gaviota
- La golondrina
- El jilguero

- El loro
- La paloma
- El papagayo
- El pato
- El pelícano
- La perdiz
- El pingüino

OTROS

Insectos
- La abeja
- La avispa
- La cucaracha
- El chinche
- El escarabajo
- La hormiga

- La langosta
- La mosca (tsetsé)
- El mosquito del paludismo
- La termita
- La pulga

Arañas
- La araña (doméstica)
- La araña de agua
- El alacrán
- La tarántula

Las mariposas

1. Busca el masculino de los siguientes animales domésticos y no domésticos.

HEMBRA	MACHO
la araña hembra	
la cabra	
la cerda	
la coneja	
el elefante hembra	
la gallina	
la oca	
la oveja	
la pata	
la vaca	
la yegua	

2. Relaciona.

1.	el caballo	a.	aullar
2.	la vaca	b.	barritar
3.	la gallina	c.	maullar
4.	la oveja	d.	ladrar
5.	el pájaro	e.	croar
6.	la rana	f.	rugir
7.	el gato	g.	balar
8.	el elefante	h.	mugir
9.	el león	i.	relinchar
10.	el perro	j.	cacarear
11.	el lobo	k.	piar

3. ¿Cuál es el nombre colectivo que corresponde a un conjunto de...? Búscalo en el recuadro.

• colmena	• piara	• jauría	• rebaño
• manada	• banco	• bandada	• yeguada

cerdos: ....

lobos: ....

búfalos: ....

ovejas: ....

pájaros: ....

yeguas: ....

abejas: ....

peces: ....

4. En grupos de tres. Echa un dado y empieza a jugar de arriba a abajo y de izquierda a derecha. Elige un verbo y el adjetivo correspondiente. Luego piensa en un animal y forma una frase.

Ej.: (Después de echar el dado sale el n.º seis. Elegimos el verbo "atacar" y el adjetivo correspondiente "manso"). Gana el estudiante que antes llega al final del cuadro. Si la frase es incorrecta se está un turno sin jugar.

"Ese perro manso nunca ha atacado a nadie".

	galopar picar volar	frotar morder trepar	ir de paso nadar arrastrarse	saltar correr repetir	montar arañar domesticar	atacar amaestrar cantar
manso						
fiero						
inofensivo						
peligroso						
en extinción						
salvaje						
veloz						

COLECCIÓN TEMAS DE ESPAÑOL

TÍTULOS PUBLICADOS